国家自然科学基金
"城市群空间结构效应研究——以长江中游城市群为例"
（41561025）研究成果

闽新轴带
区域协调发展研究

STUDY ON THE COORDINATED
DEVELOPMENT IN MIN-XIN AXIS BELT

钟业喜　王晓静　等 ◎ 著

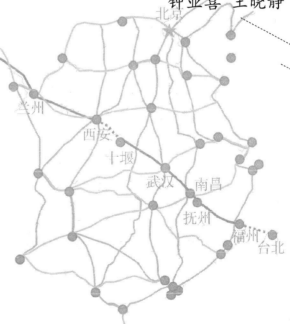

经济管理出版社
ECONOMY & MANAGEMENT PUBLISHING HOUSE

图书在版编目（CIP）数据

闽新轴带区域协调发展研究/钟业喜，王晓静等著．—北京：经济管理出版社，
2018. 12

ISBN 978 - 7 - 5096 - 6285 - 4

Ⅰ.①闽…　Ⅱ.①钟…②王…　Ⅲ.①区域经济发展—研究—江西　Ⅳ.①F127.56

中国版本图书馆 CIP 数据核字（2018）第 294040 号

组稿编辑：杜　菲
责任编辑：杜　菲
责任印制：黄章平
责任校对：董杉珊

出版发行：经济管理出版社
　　　　　（北京市海淀区北蜂窝 8 号中雅大厦 A 座 11 层　100038）
网　　　址：www. E - mp. com. cn
电　　　话：（010）51915602
印　　　刷：北京玺诚印务有限公司
经　　　销：新华书店
开　　　本：720mm×1000mm/16
印　　　张：13.5
字　　　数：186 千字
版　　　次：2018 年 12 月第 1 版　　2018 年 12 月第 1 次印刷
书　　　号：ISBN 978 - 7 - 5096 - 6285 - 4
定　　　价：68.00 元

前　言

　　党的十九大报告要求实施区域协调发展战略，这是在新时代针对区域协调发展新特征做出的重大战略部署，指出要"加大力度支持革命老区、民族地区、边疆地区、贫困地区加快发展，强化举措推进西部大开发形成新格局，深化改革加快东北等老工业基地振兴，发挥优势推动中部地区崛起，创新引领率先实现东部地区优化发展，建立更加有效的区域协调发展新机制。以城市群为主体构建大中小城市和小城镇协调发展的城镇格局，加快农业转移人口市民化；以共抓大保护、不搞大开发为导向推动长江经济带发展。支持资源型地区经济转型发展。加快边疆发展，确保边疆巩固、边境安全。坚持陆海统筹，加快建设海洋强国"。区域协调发展已经成为新时代建设现代化经济体系的重要组成部分，是改革开放以来我国区域发展战略的重大提升，是解决新时代人民日益增长的美好生活需要和不平衡不充分发展之间的主要矛盾的重大举措，也是实现两个百年奋斗目标的重大部署。

　　区域经济是一个整体，讲究点线面结构，以线串点，以点带面，形成一体化结构，线的构成尤为重要。轴带经济突破行政区的界限，由点及面连接成轴，依赖市场力量，注重联动效应，通过区域之间的各种联系带动生产要素流动，强调不同区域之间的协同发展、共享发展和包容性发展，最大限度地发挥辐射带动作用。因此，为建立更加有效的区域协调发展新机制，要构建带状连接机制，促使我国的区域经济由传统的以京津冀、长三角和珠三角为引擎的格局，向以轴带经济为引领，各区域协调联动发展的新格局转变；以"一带一路"建设为重点，坚持"引进来"和"走出去"并重，遵循共商共建共享原则，加强创新能力开放合作，形成陆海内外联动、东西双向互济的开放格局。

闽新轴带由福建、江西、湖北、陕西、甘肃、新疆六省区连接而成，是连接"丝绸之路经济带核心区"（新疆）和"21世纪海上丝绸之路核心区"（福建），即陆海丝绸之路核心区（东南海疆门户福建与西北陆疆门户新疆）的最便捷大通道。在陆海统筹双向开放的背景下，将闽新轴带上升为国家级生产力大通道，将有助于建立更加有效的区域协调发展新机制，有利于更好地对接"一带一路"，形成陆海内外联动、东西双向互济的开放格局，具有重要的战略意义。此外，闽新轴带连接着西北内陆开放经济区（乌鲁木齐、喀什经济区、霍尔果斯经济区）和东部沿海开放经济区（福建自贸区、海西经济区），沿线拥有天山北部、兰西、关中、武汉、环鄱阳湖等城市群，同时该轴带也分布着较多的革命老区和贫困地区，提升闽新轴带战略地位可促进海陆资源要素的流通，提高中西部地区城镇化水平，带动落后地区脱贫致富，促进东中西部协调发展。

钟业喜教授领衔完成的江西省"十三五"区域专项规划《江西向莆铁路经济带"十三五"发展规划》已通过江西省人民政府批复，并于2016年9月28日正式颁布实施。该规划报告提出的建设闽新轴带战略构想，得到抚州市人民政府的高度重视，并积极推动战略实施。为此课题组围绕闽新轴带战略展开了深入研究。为论证闽新轴带建设的可行性和必要性，2017年10月23日由抚州市人民政府和江西师范大学联合举办的"'一带一路'与向莆经济带发展"高端论坛在抚州召开，国家发改委国土开发与地区经济研究所原所长肖金成研究员、兰州大学资源环境学院副院长杨永春教授、中国主体功能区战略研究院副院长吴传清教授、南昌大学经济管理学院院长刘耀彬教授、福建师范大学地理科学学院韦素琼教授等专家分别从区域发展战略、主体功能区战略、闽新轴带实施路径、建设方略、合作模式等方面进行了大会交流与论证，新疆维吾尔自治区政府参事王宁研究员、西北大学丝绸之路研究院首席经济学家白永秀教授、武汉城市圈研究院院长曾菊新教授、江西省政协常委朱丽萌研究员提供了书面意见，均认为闽新轴带体现了轴带引领，是符合新时代的新区域发展战略，论坛通过了"联合打造闽新轴带的倡议"。

本书针对闽新轴带国内外形势、发展不平衡不充分问题、面临的挑战及定位等方面进行了详细研究和分析，旨在提高闽新轴带沿线区域合作，以"一带一路"建设为重点，为六省区建立更加有效的区域协调发展新机制，形成陆海内外联动、东西双向互济的开放格局提供决策参考。本书的完成是课题组共同努力的结果，钟业喜教授对书稿进行了统筹，课题组成员参与了部分撰写和完善工作。第一章由毛炜圣完成，第二章、第四章由王晓静完成，第三章由邱静完成，第五章由郭卫东完成，第六章由徐晨璐完成，第七章由朱治州完成，第八章由陈文完成。在闽新轴带的提出到论证过程中得到了吴巍、马健、王玉等老师，文玉钊、郭泉恩、李建新、冯兴华、黄洁、徐羽、傅钰等博士的支持和贡献。

需要说明的是本书涉及的中国地图为示意图，因为时间紧、学识和能力有限等原因，对闽新轴带的研究还存在缺陷和不足，敬请读者批评指正！

作者

2018 年 11 月 29 日

目　录

第一章　国际环境与中国形势 ……………………………………… 1

　　第一节　国内外环境新态势 ……………………………………… 1

　　第二节　新时代我国经济发展宏观态势 ………………………… 7

　　第三节　新时代我国区域发展宏观态势 ………………………… 10

第二章　闽新轴带概念及内涵 …………………………………… 29

　　第一节　闽新轴带提出背景 …………………………………… 29

　　第二节　闽新轴带基本内涵 …………………………………… 32

　　第三节　闽新轴带建设意义 …………………………………… 34

　　第四节　闽新轴带发展基础 …………………………………… 42

第三章　闽新轴带资源环境 ……………………………………… 48

　　第一节　福建省资源环境 ……………………………………… 49

　　第二节　江西省资源环境 ……………………………………… 55

　　第三节　湖北省自然资源 ……………………………………… 58

　　第四节　陕西省资源环境 ……………………………………… 62

　　第五节　甘肃省资源环境 ……………………………………… 67

　　第六节　新疆维吾尔自治区资源环境 ………………………… 72

第四章　闽新轴带发展不平衡分析 ················· 77

第一节　闽新轴带经济发展不平衡 ················· 77

第二节　闽新轴带资本发展不平衡 ················· 96

第五章　闽新轴带发展不充分研究 ················· 116

第一节　闽新轴带文化发展不充分 ················· 116

第二节　闽新轴带产业发展不充分 ················· 125

第三节　闽新轴带基础设施发展不充分 ············· 134

第六章　闽新轴带的发展挑战 ····················· 155

第一节　闽新轴带的发展约束 ····················· 155

第二节　闽新轴带面临的挑战 ····················· 168

第三节　闽新轴带亟待解决的问题 ················· 171

第七章　闽新轴带定位及对策建议 ················· 175

第一节　闽新轴带的战略定位 ····················· 175

第二节　闽新轴带的合作重点 ····················· 177

第三节　闽新轴带建设的对策建议 ················· 179

第八章　闽新轴带与江西省发展 ··················· 187

第一节　闽新轴带的江西省发展基础 ··············· 187

第二节　闽新轴带的江西省建设内容 ··············· 190

第三节　闽新轴带的江西省战略地位提升 ··········· 191

第四节　江西省打造闽新轴带的对策建议 ··········· 193

参考文献 ······································· 196

第一章　国际环境与中国形势

第一节　国内外环境新态势

一、大国关系合作与竞争并存

中美关系是当今世界最复杂最重要的双边关系。习近平指出，太平洋足够大，容得下中美两国。中美在亚太的共同利益远大于分歧，双方要在亚太地区开展积极合作，让越来越多的国家加入中美两国的共同朋友圈，一道为促进亚太和平、稳定、繁荣做出贡献。总体来看，特朗普就任美国总统后，中美元首经由海湖庄园会晤、特朗普总统对华进行国事访问以及涵盖中美关系各个领域的 4 个高级别对话机制的确立，中美关系实现了良好开局，保持了战略稳定。2017 年底，特朗普总统对华进行国事访问期间，中美就在相互尊重的基础上妥善管控分歧，深化各领域合作达成一系列重要共识，"访问取得了实实在在的成果"。

中欧在气候变化、能源环境、全球治理、推动多边主义和世界多极化进程、倡导多元文明、对抗逆全球化和贸易保护主义等方面有着广泛的共识和巨大的合作潜力。2017年9月中欧四大智库联合发布的《中国—欧盟经济关系2025：共建未来》报告中指出，尽管中欧在文化、制度、发展阶段和具体国情等方面存在差异，但中欧是重要战略合作伙伴而非竞争对手，并提出了8条建议：尽早达成中欧双边投资协定；启动中欧自由贸易协定谈判；借助"一带一路"平台进一步扩展双边贸易和经济合作；深化中欧能源安全与气候变化合作；在新一代信息技术、网络安全等领域"双赢"合作；支持中欧深化金融领域合作；继续推动构建开放型世界经济；探索中欧与美国之间的经济合作机制。可见，中欧在未来的国际合作中将大有可为。

中俄全面战略协作伙伴关系处于历史最好时期，已成为新型国际关系的典范。牢固的互信是中俄政治关系的本质属性和最重要特征，在联合国、上海合作组织等国际和地区组织中两国相互支持协作。习近平曾高度评价中俄关系，"中俄建立和发展的全面战略协作伙伴关系树立了相互尊重、公平正义、合作共赢的新型国际关系的典范"，并指出要"引领中俄关系在高水平上行稳致远"。2017年，"习近平主席与普京总统实现了互访，举行了5次会晤，密集沟通对表，在关乎全球战略稳定的重大问题上始终紧密协作，在关乎欧亚地区振兴的发展战略上加强深度对接，引领中俄战略协作向着更高水平、更宽领域、更深层次不断迈进"。

受多种因素的影响，中日关系也出现一定程度的缓和。2017年，习近平与安倍晋三两次会晤，日本派出重量级代表团出席"一带一路"峰会，中日之间高层次经济、政党、民间交流相继展开，中日海洋事务高级别磋商就建立并启用"海空联络机制"取得积极进展。

二、中美贸易摩擦不确定性风险陡然上升

中美经贸关系一直是中美两个大国关系的"压舱石"和"稳

定器"。2018年以来，美国采取单边主义措施，挑起贸易战，导致中美之间的贸易摩擦和争端不断升级。2018年3月，美国炮制出所谓的301调查报告。2018年7月6日，美国不顾多方面反对，对中国340亿美元输美产品加征25%关税，8月23日，美国对另外160亿美元中国输美产品加征关税。中国政府为维护正当权益，及时采取了相应的反制措施。美国单方面挑起贸易战不仅严重威胁中美双边经贸关系，而且对世界经济也有负面影响。

对中国经济的影响。此次特朗普对中国进口商品设置的关税壁垒和贸易投资限制，从制裁规模、涉及商品种类上来说还是比较大的，仅3月23日第一次提高关税的商品规模就达600亿美元，是现代历史上美国总统对中国开出的最大一笔贸易制裁。此外，美国还对中国多项商品开展了反倾销和反补贴的双反调查。从深层次看，贸易战更多的只是短期手段，在以人工智能、大数据、物联网、机器人、区块链和3D打印技术为表征的新一轮工业革命方兴未艾的关键窗口，通过贸易战手段阻断《中国制造2025》计划的实施以及"干中学"的发生才是美国掀起贸易战背后的长期战略考量。近年来，中国的科技创新开始呈现燎原之势，而由此驱动的产业升级也日渐加速，中国在一些关键技术领域对于发达国家的赶超已逐步成为趋势。从内在潜力看，中国的工程师红利、巨大市场空间以及对研发支出的系统支持都会加速技术和产业的赶超进程。在此背景下，以贸易战为抓手，通过贸易保护、技术管制、知识产权限制等各种手段阻滞中国的技术进步和产业升级，对美国而言是一种更加长期的保证市场稳定和经济增长的战略安排。

中美贸易摩擦对世界经济和国际格局也产生了一定影响。首先，国际股市下跌。中美贸易战波及全球重要股市，如港股在2018年3月23日之后受美股影响加上美国加息等行为，持续走低；恒指HSI、德指DAX主力合约在4月初也大幅低开。其次，导致全球经济的不稳定性和不确定性。中美贸易摩擦可能会重组全球商品服务贸易的竞争格局，例如，从中美之间加征关税的商品清单来看，已经部分涉及两国的重要农产品类型，一旦商品关税限制清单得到执行，中美两国都会选择从其他国家进口来满足内需，势必会引起全球相关农产品竞争市场的重组。再次，中美贸易冲突可能会破坏全球经济复苏，对全球经济增长水平产生不利影响。2008 年国际金融危机之后，世界经济增长缓慢，经济整体进入疲软期。由于中美两国经济在国际上的重要地位，如果中美贸易摩擦全面升级并持续不断，那么除了对中美两国的经济增长产生不利影响，对世界经济的整体增长水平也会产生负面影响，给全球经济复苏蒙上阴影。最后，中美贸易战可能会对国际政治格局产生影响。经济影响政治是显而易见的，中美贸易战开始后，美国对叙利亚发动了空袭，以争夺对中东地区的控制；中国也展现出与日本等国缓和关系的势头。因此，如果中美贸易摩擦持续发酵，会直接、间接地改变国际经济和政治格局。中美贸易摩擦的持续也会给世界其他国家或地区带来福利，例如，中国为加速对外开放，会加大对"一带一路"倡议沿线国家的合作诚意，增加补助或互惠条件，同理，美国也会加大对其他国家的投资和贸易往来。

三、"一带一路"倡议下区域竞合格局的形成

2013 年 9 月和 10 月，习近平在出访中亚和东南亚国家期间，先后提出共建"丝绸之路经济带"和"21 世纪海上丝绸之路"（即"一带一路"）的重大倡议，引起了国际社会的高度关注，得到了沿线国家的积极响应。2015 年 3 月 28 日，国家发改委、外交部、商务部联合发布了《推动共建丝绸之路经济带和 21 世纪海上丝绸之路的愿景与行动》，描绘了"一带一路"倡议的行动路径和宏伟蓝图。4 年来，全球 100 多个国家和国际组织积极

支持和参与"一带一路"建设，联合国大会、联合国安理会等重要决议也纳入"一带一路"建设内容。

"一带一路"向世人展示了一条和平合作、开放包容、互学互鉴、互利共赢的中国崛起道路。同时，作为中国梦的具体化和中国地缘大战略的雏形，"一带一路"倡议为当代中国指明了发展方向，规划了中国未来30年全球战略资源的配置格局。"一带一路"倡议的实施不仅将重塑国际权力结构、改变全球战略资源分配格局，也必将对中国区域发展格局产生深远的影响。

从国际上看，"一带一路"的实施，旨在强化与中亚、东南亚、西亚、非洲和欧洲等重点地区的联系，在基础设施建设、商品贸易、能源和技术合作等方面取得更进一步的合作。"一带一路"倡议自提出以来，在相关国家和地区引起了巨大反响。当前，国际经济增长形势十分严峻，国际投资和贸易格局正在发生新的调整，各国都普遍面临着如何促进经济平稳发展的问题。"一带一路"倡议的推进有助于解决当今全世界面临的经济问题、环境问题、社会问题、民族矛盾及领土争端。进入21世纪以来，我国对世界经济增长的贡献率逐年提高，当前，中国对世界经济增长的年均贡献率超过30%，成为世界经济增长的第一引擎。同时我国具有背靠亚欧大陆和面向太平洋的地缘优势，在世界增长逐渐转移到亚欧大陆的背景下，我国有望成为亚欧国家对外开放的平台和桥梁。

从国内来看，2013年以来，在专项建设基金和年初信贷猛增等稳增长政策支持、去产能和降成本等供给侧结构性改革逐步显效、消费信心上升和市场全面回暖的拉动下，工业品价格跌幅收窄使企业效益回升，我国经济供给侧出现平稳运行态势，特别是工业生产出现小幅回升态势。总体来看，增长动力企稳回升，经济结构继续优化，就业形势总体平稳，消费价格涨势温和，企业利润继续提高，市场预期持续改善。但值得注意的是，受国内新的增长支撑点缺乏、民间投资不振、金融风险加大、居民收入减速等因素叠加影响，我国经济仍将面临较大的下行压力，迫切需要"一带一路"建设为我国开创发展新机遇，谋求发展新动力，拓展发展新空间，成为开启经济新常态发展的引擎。"一带一路"倡议实施以来，国内相关省份陆续编制和发布了对接"一带一路"倡议的实施方案（见表1-1）。

表1-1 闽新轴带省份对接"一带一路"相关文件发布状况

省份	年份	文件
新疆	2013	《丝绸之路经济带框架下促进新疆对外开放与经济发展规划》
	2014	《新疆丝绸之路经济带核心区建设实施意见及行动计划纲要》
甘肃	2014	《"丝绸之路经济带"甘肃段建设总体方案》
	2015	《甘肃省人民政府关于印发丝绸之路经济带甘肃段"6873"交通突破行动实施方案》
		《甘肃省参与丝绸之路经济带和21世纪海上丝绸之路建设的实施方案》
陕西	2015	《陕西省"一带一路"建设2015年行动计划》
		《西安建设丝绸之路经济带（新起点）战略规划》
湖北	2015	《湖北省参与建设丝绸之路经济带和21世纪海上丝绸之路的实施方案》
江西	2015	《江西省人民政府关于印发江西省参与丝绸之路经济带和21世纪海上丝绸之路建设实施方案的通知》
		《江西省人民政府印发关于加快融入"一带一路"倡议鼓励企业参与国际合作实施方案的通知》
	2016	《江西省2016年参与"一带一路"建设工作要点》
福建	2015	《福建省21世纪海上丝绸之路核心区建设方案》

资料来源：各省政府网站。

从已经颁布的文件来看，呈现出两个特点：一是地方对接丝绸之路经济带的思路十分清晰，不仅在省级层面提出整体对接方案，对于省内主要城市也有清晰的对接目标和内容；二是不同省份都力主通过与丝绸之路经济带对接，提升自身面向内陆开放的能力以及在整个国家开发开放格局中的地位，尤其是中西部地区表现出极大的西向开放热情。

不少省份对自身及其重要城市在丝绸之路经济带中的角色进行了定位：如新疆将建成丝绸之路经济带核心区，乌鲁木齐与喀什将建成区域性交通枢纽中心、商贸物流中心、金融中心；甘肃将打造成为丝绸之路经济带黄金段，兰州将建设成为国家向西开放的战略平台、丝绸之路经济带重要节点城市、综合交通枢纽与商贸物流中心；西安则定位为丝绸之路经济带新起点、内陆型改革开放新高地；湖北发挥国家两大战略叠加效应，加快内陆开放型经济高地及中部绿色增长极建设，依托闽新轴带中心位置优势，努力打造"一带一路"重要支点；江西依托陆海联通带与长江经济带交叉的区位优势，积极推进昌九、昌抚一体化，将南昌打造为内陆双向开放高地，抚州依托向莆铁路构建我国中西部地区出海大通道，建成江西对接"21世纪海上丝绸之路"的桥头堡；福建利用海西经济区开放程度高、经济实力强、辐射带动作用大的优势，以厦门、漳州、泉州、福州为四大支点，着力将福建建设成为21世纪海上丝绸之路核心区。

第二节　新时代我国经济发展宏观态势

党的十九大明确，中国特色社会主义进入新时代。总任务是实现社会主义现代化和中华民族伟大复兴，在全面建成小康社会的基础上，分两步走在21世纪中叶建成富强民主文明和谐美丽的社会主义现代化强国；新时代我国社会主要矛盾是人民日益增长的美好生活需要和不平衡不充分的发展之间的矛盾。

一、实现发展方式转变

改革开放近40年来，中国经济无论在规模上还是在数量上均获得了举世公认的成绩，但整体经济素质不高、科技创新能力不足、产业结构层次低、城市化发展滞后、金融体系不发达，还不是经济强国。一直以来我国提倡的经济要从粗放型发展向集约型发展方式转型，迄今为止成效并不显著，经济发展过于粗放，质量、效益不尽人意，实现集约型发展方式始终是重要的努力方向。十九大报告明确指出，我国经济已由高速增长阶段转向高质量发展阶段，正处在转变发展方式、优化经济结构、转换增长动力的攻关期。这就意味着未来经济必须摆脱粗放型发展方式，朝着集约型方向发展，并最终确立集约型的发展方式。

党的十九大报告强调经济发展的质量、效益、结构以及活力等，充分表明了高质量发展的战略导向。需要从追求经济增长的数量向追求经济发展的质量转变，实现粗放型到集约型的发展方式转变是构建质量第一、效益优先的现代化经济体系的必由之路。为构建现代化经济体系和实现高质量发展，十九大报告强调要以供给侧结构性改革为主线，推动经济发展质量变革、效率变革、动力变革，提高全要素生产率。着力构建市场机制有效、微观主体有活力、宏观调控有度的经济体制，通过体制改革和制度创新，消除市场分割的体制障碍，推动生产要素从效率较低的部门向效率较高的部门转变，打破经济结构的低端锁定，促进经济结构升级。这些重大变革都将有力地推动经济发展方式的转变，使集约型发展方式成为新时代经济的主体发展方式。

二、经济增长的新动能形成

在长期以来的经济增长中，投资发挥了最为重要的作用，是拉动经济增长的第一要素。目前，我国资本形成总额占 GDP 比重约为 45%，而这一数字美英较高时为 27%、日韩较高时为 41%。近年来，消费正在逐步发力，对经济增长的拉动作用不断增强，但到目前为止经济增长动能转换依然没有从根本上实现。十九大报告明确提出要完善促进消费的体制机制，增强消费对经济发展的基础性作用。未来破除体制机制障碍将成为消费升级的关键，创新型消费、服务消费、文化休闲消费、品牌消费和信息消费将成为着力培育的新的经济增长点。

此外，十九大报告明确指出要实施乡村振兴战略，我国仍有 40% 左右的人口居住在农村，城镇化长期发展之后，很多城市虽然已经发生了巨大变化，但农村发展和建设明显落后，有关土地和户籍等一系列体制机制束缚了农村的社会生产力，妨碍了农村的经济发展；由于思想解放不够彻底，农村土地三权分置等改革依然任重而道远。十九大报告提出乡村振兴战略，针对性和必要性强，未来农村经济将发生巨大变化。十九大提出加快建设制造强国，加快发展先进制造业，推动互联网、大数据、人工智能与实体经济深度融合，在中高端消费、创新引领绿色低碳、共享经济、现代供应链、人力资本服务等领域培育新增长点、形成新动能。这意味着在新时代，经济增长新动能将得到长足发展，尤其是先进信息技术与实体经济深度融合后产生的新动能，将成为推动经济增长的主要动力。新时代下经济增长不能单纯以 GDP 为标准，而是要特别重视提高居民的生活质量，调节收入分配结构，让全体人民共享经济发展的成果，实现共享发展，努力减少贫富差距、地区差距和城乡差距。

三、区域经济协调发展

经过近 40 年的发展，我国沿海地区整体发展状况已经接近发达国家水平，但中西部地区仍存在明显差距。东部、中部、西部地区占经济总量的比重分别为 59.1%、20.7%、20.2%，东部地区处于绝对的领先地位，但东部、中部、西部居民人均收入差距较大。此外，在交通、医疗、教育等各类基础性服务方面，东部、中部、西部都有明显差距；这种差距是经济发展中不成熟的一面，但从另一个角度看又是未来推动经济继续发展的动力；需要通过协调发展促使区域经济发展水平差距逐渐缩小，使之成为推动经济发展的又一动力来源。

十九大报告指出，强化举措推进西部大开发形成新格局，深化改革加快东北等老工业基地振兴，发挥优势推动中部地区崛起，创新引领率先实现东部地区优化发展。这意味着，未来要形成沿海、沿江、沿线（即主要铁路和公路线）为主的纵向和横向的经济轴带，把整个国家经济从中、东、西、南、北串联起来，明显缩小沿海地区与中西部地区经济发展水平的差距。十九大报告提出，以城市群为主体构建大中小城市和小城镇协调发展的城镇格局；这表明未来的城镇化主要是以城市群概念为主；"带、路、群"将成为未来区域经济协调发展的重要抓手。

第三节　新时代我国区域发展宏观态势

一、我国区域发展的格局演变

中国经济是典型的大国经济，区域发展条件差异特征明显，实施促进各区域协调发展的国家战略是实现中国经济转型的重要保障。中华人民共和国成立以来，中国区域发展战略经历了四次重大调整。

第一次调整为向内地推进的不平衡发展战略（1949～1978年）。中华人民共和国成立之初，全国生产力布局畸形，工业主要集聚在东南沿海一隅。改革开放前的30年，中国长时期实施向内地推进的平衡发展战略，国家投资重点布局内陆地区，先后出现了"一五"时期（1953～1957年）、"三线建设"时期（1966～1975年）两次大规模向内地推进的投资高潮。实施平衡发展战略的理论依据是马克思主义经典作家的社会主义生产力平衡布局理论和苏联的社会主义生产配置理论，现实依据是出于备战的国防安全考量。实施平衡发展战略有其历史的合理性，实施效果利弊并存，利表现为推动了内地工业化，促进了内地经济发展；弊表现为片面追求平衡发展目标，制约了沿海老工业基地的发展和潜力发挥。

第二次调整为向东部沿海地区倾斜的不平衡发展战略（1979～1990年）。改革开放以后，国家投资、产业布局的重心转向东部沿海地区。"六五"时期（1981～1985年）注重优先发展沿海地区经济。"七五"时期（1986～1990年）放弃了沿用30多年的沿海、内地区域格局两分法，采用东部、中部、西部三大地带划分法，优先加速发展东部沿海地带，重点发展中部地带的能源、原材料工业。实施不平衡发展战略的指导思想是邓小平于1978年底倡导的"先富后富、共同富裕"论，理论依据主要是增长极理论、梯度推移理论等欧美区域经济不平衡发展理论。不平衡发展战略追求经济增长的效率目标，实践的显著成效是形成了一条从南到北沿海岸线延伸的沿海开放地带，经济特区、沿海经济技术开发区、沿海经济开放区等特殊经济区成为重要的增长极，有力地推动了沿海地区经济快速发展，珠三角、长三角、环渤海地区成为推动中国经济高速增长的"发动机"、引领中国经济发展的重心，但集聚效应大于扩散效应，也导致地区差距特别是东西部差距的不断扩大。选择特定区域设立特殊经济区培育增长极，发展外向型集聚经济,辐射带动其他地区发展,是彰显中国模式的重要成功经验,也成为了俄罗斯、朝鲜、越南、老挝等国效仿的典范。

第三次调整为区域协调发展战略(1991~2012年)。进入20世纪90年代后,为了防止地区差距不断扩大可能引发的两极分化态势,区域协调发展成为国家战略关注的重点。以1999年为界,区域协调发展战略的实施历经了两个阶段。1991~1998年为区域协调发展战略启动阶段。1991年,《关于国民经济和社会发展十年规划和第八个五年计划纲要的报告》文件首次提出"促进地区经济的合理分工和协调发展",强调"生产力的合理布局和地区经济的协调发展"是中国经济建设和社会发展中一个极其重要的问题。1995年,《中共中央关于制定国民经济和社会发展"九五"计划和2010年远景目标的建议》进一步强调,"坚持区域协调发展,逐步缩小地区发展差距",这是社会和经济发展必须贯彻的重要方针。国家"九五"计划(1996~2000年)将加快中西部地区发展列为重要战略任务,明确重点建设长江三角洲及沿江地区(即长江经济带)、环渤海湾地区、东南沿海地区、西南和华南部分省区、东北地区、中部五省地区、西部地区7个跨省区市的经济区域。区域协调发展总方针的提出,标志着改革开放以来实施了12年的不平衡发展战略调整为区域协调发展战略。1999年西部大开发战略的实施标志着区域协调发展战略进入全面实施阶段。"十五"时期(2000~2005年),区域协调发展战略的实施重点是推进西部大开发、加快中部地区发展和提高东部地区的发展水平。"十一五"时期(2006~2010年)和"十二五"时期(2011~2015年),区域协调发展战略体系的构成演变为区域发展总体战略和主体功能区战略。

第四次调整为党的十八大后的优化区域格局,强调共同发展阶段(2013年至今)。以习近平为核心的党中央深入实施西部开发、东北振兴、中部崛起、东部率先的区域发展总体战略，创新区域发展政策，完善区域发展机制，进一步促进区域协调、协同、共同发展，从东部沿海地区开发开放起，改革开放逐渐向中西部地区推进，从沿海开放到沿江、沿边乃至内陆开放，中国已经走向全方位开放。对于中西部地区而言，"一带一路"的提出正是提高开放程度的机遇，也是缩小东西部差距的机遇。"要完善区域政策，促进各地区协调发展、协同发展、共同发展"。相对于以往的区域战略，"一带一路"、京津冀协同发展、长江经济带更注重于区域之间的合作，糅合了发达地区和落后地区，注重共同发展。强调"改革创新打破地区封锁和利益藩篱，全面提高资源配置效率"。这种区域政策的创新是很大的突破，它突破了原有区域政策甚至区域研究囿于国内的局限，强调内外联动，在更大的经济发展空间格局内调动两个市场、两种资源。

二、新时代的区域总体谋划：区域协调发展战略

习近平在十九大报告中对区域协调发展战略的阐述是："加大力度支持革命老区、民族地区、边疆地区、贫困地区加快发展，强化举措推进西部大开发形成新格局，深化改革加快东北等老工业基地振兴，发挥优势推动中部地区崛起，创新引领率先实现东部地区优化发展，建立更加有效的区域协调发展新机制。以城市群为主体构建大中小城市和小城镇协调发展的城镇格局，加快农业转移人口市民化；以疏解北京非首都功能为'牛鼻子'推动京津冀协同发展，高起点规划、高标准建设雄安新区；以共抓大保护、不搞大开发为导向推动长江经济带发展。支持资源型地区经济转型发展。加快边疆发展，确保边疆巩固、边境安全。坚持陆海统筹，加快建设海洋强国。"区域协调发展战略已经与乡村振兴战略等一起成为新时代建设现代化经济体系的重要组成部分，这是改革开放以来我国区域发展战略的重大提升，是中国特

色社会主义新时代必须坚持的重大战略，是化解新的社会主要矛盾的重大举措，也是实现两个百年奋斗目标的重大部署。

（一）区域协调发展战略的重大意义

1. 增强区域发展协同性的重要途径

十八大以来，中国着力推进区域协调发展，形成以"一带一路"建设、京津冀协同发展、长江经济带发展三大战略为引领，统筹推进西部大开发、东北振兴、中部崛起和东部率先四大板块联动发展的区域发展总体格局，中国区域发展的协同性不断增强。而党的十九大报告立足于解决发展不平衡不充分问题，以全方位、系统化视角提出今后一个时期实施区域协调发展战略的主要任务，着力提升各层面区域战略的联动性和全局性，增强区域发展的协同性和整体性，必将进一步开创中国区域协调发展新局面。

2. 拓展区域发展新空间的内在要求

实施区域协调发展战略，将区域、城乡、陆海等不同类型、不同功能的区域纳入国家战略层面统筹规划、整体部署，提升区域间互联互通，推动区域互动、城乡联动、陆海统筹，这对于优化空间结构、拓展区域发展新空间具有重大战略意义。

3. 建设现代化经济体系的重要支撑

当前，中国经济已由高速增长阶段转向高质量发展阶段，区域经济发展必须加快转变发展方式、优化经济结构和转换增长动力，实现质量变革、效率变革、动力变革。实施区域协调发展战略，推动各区域充分发挥比较优势，深化区际分工；促进要素有序自由流动，提高资源空间配置效率；推动各地区依据主体功能定位发展，促进人口、经济和资源、环境的空间均衡，充分发挥比较优势，推动各区域加快转变发展方式、优化经济结构和转换增长动力，进而实现各区域更高质量、更有效率、更加公平、更可持续地发展，将对提高中国经济发展质量和效益、建设现代化经济体系发挥重要的支撑作用。

4. 实现"两个一百年"奋斗目标的重大举措

今后一个时期是实现第一个百年目标并向第二个百年目标迈进的关键期。实施区域协调发展战略，加大力度支持革命老区、民族地区、边疆地区、贫困地区加快发展，紧紧抓住集中连片特殊困难地区这个重点、农村贫困人口脱贫这个短板，坚决打好精准脱贫攻坚战，这是让贫困人口和贫困地区人民同全国人民一道进入全面小康社会的重大战略举措。

（二）新时代区域协调发展的主要任务

党的十九大报告明确提出了区域协调发展战略的主要任务，是对长期以来坚持区域协调发展的全面提升。

1. 加大力度支持革命老区、民族地区、边疆地区、贫困地区加快发展

老少边穷地区是我国特殊类型困难地区。党的十八大以来，以习近平为核心的党中央采取一系列举措，推动贫困地区脱贫攻坚，支持革命老区开发建设，促进民族地区健康发展，推进边疆地区开发开放，老少边穷地区面貌发生前所未有的变化。党的十九大报告进一步将老少边穷地区放在区域协调发展战略的优先位置，体现了党中央加快老少边穷地区发展的决心。要加大力度支持老少边穷地区改善基础设施条件，提高基本公共服务能力，培育发展优势产业和特色经济，加强生态环境建设，真正为老少边穷地区加快发展创造条件。需要指出的是，我国陆地边境线长2.2万千米，与14个国家接壤。随着"一带一路"建设加快推进，边疆地区在区域发展格局中的重要性日益凸显。要加快边疆发展，提升沿边开发开放水平，加强边境地区基层治理能力建设，巩固和发展民族团结进步事业，确保边疆巩固、边境安全。

2. 强化举措推进西部大开发形成新格局

实施西部大开发战略以来，西部地区的开发建设取得了重大

进展。党的十八大以来，推进了"一带一路"建设和长江经济带发展，增强了西部地区与沿海地区的经济联系，拓展了西部地区的对外开放空间。今后一个时期推进西部大开发要充分发挥"一带一路"建设的引领带动作用，加大西部开放力度，加快建设内外通道和区域性枢纽，完善基础设施网络，提高对外开放和外向型经济发展水平。加快培育发展符合西部地区比较优势的特色产业和新兴产业，增强产业竞争力。加强生态环境建设，筑牢国家生态安全屏障。

3. 深化改革加快东北等老工业基地振兴

实施东北等老工业基地振兴战略以来，东北地区经济发展迈上新台阶。近年来，受深层次体制性因素影响，东北地区发展面临新的困难和挑战。加快东北等老工业基地振兴必须从深化改革上找出路，加快转变政府职能，减少政府对市场主体的不合理干预。深化国有企业改革，真正确立国有企业的市场主体地位，增强市场竞争力。积极改善营商环境，促进民营经济发展。进一步扩大开放，以开放推动改革不断深化，加快形成有活力的体制机制，促进东北振兴取得新突破。

4. 发挥优势推动中部地区崛起

中部地区具有连接东西、贯通南北的区位条件和产业体系较为完整的优势。推动中部地区崛起要进一步发挥优势，加强综合立体交通枢纽和物流设施建设，发展多式联运，构建现代综合交通体系和物流体系。加快建设现代产业体系，依托功能平台承接产业转移，发展现代农业、先进制造业和战略性新兴产业，培育一批有国际竞争力的产业集群。加快发展内陆开放型经济，全面融入"一带一路"建设，积极开展国际产能和装备制造合作。

5. 创新引领率先实现东部地区优化发展

东部地区是我国经济发展的先行区，对全国经济发挥着重要的增长引擎和辐射带动作用。东部地区率先实现优化发展，必须加快在创新引领上实现突破，充分利用和拓展创新要素集聚的特殊优势，打造具有国际影响力的创新高地。率先实现产业升级，引领新兴产业和现代服务业发展，打造全球先进制造业基地。率先建立全方位开放型经济体系，更高层次地参与国际经济合作和竞争，增创扩大开放新优势。

6. 以疏解北京非首都功能为"牛鼻子"推动京津冀协同发展

推动京津冀协同发展，核心是疏解北京非首都功能，根本是要健全区域协调发展新机制，走出一条中国特色解决"大城市病"的路子。要加快北京城市副中心建设，优化空间格局和功能定位。推进交通、生态、产业三个重点领域率先突破，构建一体化现代交通网络，扩大环境容量和生态空间，优化产业布局，建设京津冀协同创新共同体。规划建设雄安新区，是以习近平为核心的党中央深入推进实施京津冀协同发展战略、积极稳妥有序地疏解北京非首都功能的一项重大决策部署，要坚持"世界眼光、国际标准、中国特色、高点定位"的理念，高起点规划、高标准建设，努力将雄安新区打造成为贯彻新发展理念的创新发展示范区。

7. 以共抓大保护、不搞大开发为导向推动长江经济带发展

长江经济带横贯东西、辐射南北、通江达海，是我国人口、经济、产业最为密集的经济轴带。近年来，随着开发强度增大，长江经济带生态环境形势日趋严峻，必须把修复长江生态环境摆在压倒性位置，共抓大保护，不搞大开发，实施好长江防护林体系建设等生态保护修复工程，建设沿江绿色生态廊道。在此基础上，以畅通黄金水道为依托，建设高质量综合立体交通走廊，推进产业转型升级和新型城镇化建设，优化沿江产业和城镇布局，实现长江上中下游互动合作和协同发展。

8. 坚持陆海统筹，加快建设海洋强国

我国是海洋大国，海洋在国家发展全局和对外开放中具有十

分重要的地位，必须坚持陆海统筹，加快建设海洋强国。要加快发展海洋经济，优化海洋产业结构，促进海洋产业成为支柱产业，为建设海洋强国奠定坚实基础。深入实施以海洋生态系统为基础的综合管理，加大对海岸带、沿海滩涂的保护和开发管理力度。统筹运用各种手段维护和拓展国家海洋权益，维护好我国管辖海域的海上航行自由和海洋通道安全。

（三）形成新型城镇化发展新格局

党的十九大报告从促进区域协调发展的国家战略层面，进一步明确了实施新型城镇化战略、推进形成城镇发展新格局的重点任务。

1. 以城市群为主体构建大中小城市和小城镇协调发展的城镇格局

城市群是我国经济发展的重要增长极，也是最具创新活力的板块。要按照优化提升东部地区城市群、培育发展中西部地区城市群的要求，继续推进长三角、珠三角、京津冀、成渝、长江中游、中原、哈长、北部湾等城市群建设，形成一批参与国际合作和竞争、促进国土空间均衡开发和区域协调发展的城市群。强化大城市对中小城市的辐射和带动作用，逐步形成横向错位发展、纵向分工协作的发展格局。完善城市群协调机制，加快城际快速交通体系建设，推动城市间的产业分工、基础设施、生态保护、环境治理等协调联动，促进形成大中小城市和小城镇协调发展的城镇格局。

2. 加快农业转移人口市民化

农业转移人口市民化是推进新型城镇化的关键。党的十八大以来，中央提出到 2020 年实现约 1 亿名农业转移人口落户城镇的目标，出台了推进户籍制度改革、实施居住证制度等举措。2016 年底，全国户籍人口城镇化率、常住人口城镇化率分别达到41.2% 和 57.4%，比 2012 年末分别提高 5.9 个和 4.8 个百分点。

今后一个时期加快农业转移人口市民化，要深化户籍制度改革，降低落户门槛，拓宽落户通道，确保到2020年我国户籍人口城镇化率提高到45%左右。加快居住证制度全覆盖，鼓励各地扩大对居住证持有人的公共服务范围并提高服务标准。建立健全财政转移支付同农业转移人口市民化挂钩、城镇建设用地增加规模与吸纳农业转移人口落户数量挂钩、中央预算内投资安排向吸纳农业转移人口落户数量较多的城镇倾斜的"三挂钩"激励机制，以及农业转移人口市民化成本分担机制。

（四）区域协调发展战略的时代特点

1. 区域经济发展战略的提升与完善

区域发展总体战略是以"四大板块"的协调为基础的，中心是以地理位置并考虑行政区所形成的政策覆盖区的协调发展，强调的是对区域板块的政策指导和发展定位，所以没有过多考虑区域板块之间的经济联系。因此在全面高效指导我国地区经济的协调发展中，需要加强板块之间的联系。2014年中央经济工作会议指出，要完善区域政策，促进各地区协调发展、协同发展、共同发展，要重点实施"一带一路"、京津冀协同发展、长江经济带三大战略，经济带战略恰恰就是从加强区域经济联系的角度进行的政策设计。所以，区域协调发展战略是继承区域发展总体战略基础上的完善与具体化，是新时代中国区域经济发展的统领性战略。从板块和类型区协调向全面协调转变，从地域上实现全覆盖，在实施中划定重点区和经济带，对特殊区域采取特殊具体政策，不断细化区域规划使之更有针对性，这就是新时代区域协调发展战略的最大特点。

2. 建立更加有效的区域协调发展新机制

党的十九大报告强调，建立更加有效的区域协调发展新机制。推进区域协调发展，关键在体制机制创新。在协同发展机制方面，强调实现京津冀协同发展，是面向未来打造新的首都经济圈、推进区域发展体制机制创新的需要。建设快速、便捷、高效、安全、大容量、低成本的互联互通综合立体交通网络，实现区域间基础设施通达程度比较均衡。支持产业跨区域转移和共建产业园区等合作平台，支持开展多层次、多形式、多领域的区域合作，形成鼓励创新的区域合作体制机制。在区域经济一体化机制方面，最成熟的是粤港澳大湾区；一体化包括商品贸易、基础设施、要素流动和政策设计等，要有统一的领导，编制一体化的发展规划，制定相关推动资本、技术、产权、人才、劳动力等生产要素的自由流动和优化配置的发展政策。在区域合作机制完善方面，长三角地区是全国的典范；建立有组织、可操作的专项议事制度，积极推动各类经贸活动的开展，加强政策的统一性和协调性，充分发挥市场机制作用，清除各种显性、隐性的市场壁垒，让生产要素跨区域自由有序地流动，提高资源配置效率，加快建立全国统一开放、竞争有序的市场体系，形成良好的政策环境和发展条件。

3. 支持老少边穷地区加快发展摆在重要位置

革命老区、民族地区、边疆地区、贫困地区是影响我国区域协调发展的关键短板。党的十八大以来，以习近平为核心的党中央大力推进贫困地区脱贫攻坚，支持革命老区开发建设，促进民族地区健康发展，推动边疆地区开发开放，老少边穷地区面貌发生前所未有的变化。党的十九大报告进一步将老少边穷地区放在区域协调发展战略的优先位置。要坚定不移地实施精准脱贫，培育发展优势产业和特色经济，不断增强落后地区的自我发展能力；要加大力度支持老少边穷地区改善基础设施条件，提高基本公共服务能力；要建立规范稳定的转移支付、扶持协作机制，创新政府部门、企业、社会组织等多元主体对口帮扶模式，真正为老少边穷地区加快发展创造条件。

4. 突出城市群在推进新型城镇化中的主体地位

党的十九大报告提出以城市群为主体构建大中小城市和小城

镇协调发展的城镇格局，明确了未来我国新型城镇化的模式、路径和重点。城市群是我国经济发展的重要增长极。要提高城市群质量，继续推进长三角、珠三角、京津冀等城市群建设，强化中心城市辐射带动功能，形成一批世界级、国际化的大城市群。以城市群为抓手促进大中小城市协调发展，加强城市间分工协作，强化大城市对中小城市的辐射和带动作用，合理控制超大特大城市规模，加快培育新生中小城市，引导特色小镇健康发展，促进形成大中小城市和小城镇协调发展的城镇格局。加快农业转移人口市民化，深化户籍制度改革，推动城市间基础设施、产业分工、环境保护等协调联动，促进城市群健康有序发展。

三、区域发展新格局——陆海内外联动、东西双向互济的开放格局

"开放带来进步，封闭必然落后。中国开放的大门不会关闭，只会越开越大。"习近平表示，要以"一带一路"建设为重点，坚持引进来和走出去并重，遵循共商共建共享原则，加强创新能力开放合作，形成陆海内外联动、东西双向互济的开放格局。拓展对外贸易，培育贸易新业态新模式，推进贸易强国建设。实行高水平的贸易和投资自由化便利化政策，全面实行准入前国民待遇加负面清单管理制度，大幅度放宽市场准入，扩大服务业对外开放，保护外商投资合法权益。凡是在我国境内注册的企业都要一视同仁、平等对待。优化区域开放布局，加大西部开放力度。赋予自由贸易试验区更大的改革自主权，探索建设自由贸易港。创新对外投资方式，促进国际产能合作，形成面向全球的贸易、投融资、生产、服务网络，加快培育国际经济合作和竞争新优势。

（一）"一带一路"建设在推动形成全面开放新格局的过程中发挥着重要作用

1. "一带一路"建设为我国积极扩大对外投资合作、在全球价值链重构中实现开放型经济转型升级注入强大动力

一方面，在发达国家主导的既有全球价值链体系中，我国总体上仍处于科技含量与增加值较低的环节，真正成为全球性企业的本土跨国企业数量还比较少。另一方面，经过多年的发展，我国已在基础设施、电力、工程装备、电信等行业积累了强大的产能、技术与经验。当前，随着欧美发达国家产业政策的调整，发展中国家进一步扩大开放，全球价值链正在经历重大调整。通过与"一带一路"沿线国家和地区进行国际产能合作，中国企业可以更好地利用全球资源，进一步培育核心竞争力，提升在全球价值链中的地位。

2. "一带一路"建设为沿海地区与中西部地区更为协调的区域发展提供重大机遇

我国对外开放从沿海起步，由东向西渐次推进。这些年来，内陆和沿边地区开放取得了长足进展，但总体上还是对外开放的洼地。"一带一路"建设不仅联通中国与"一带一路"沿线国家，也为中西部与沿边地区的对外开放提供了联通的物质条件与政策条件。例如，已常态化运行的中欧班列，联通国内城市达 32 个，到达欧洲 12 个国家 32 个城市。位于我国中西部的重要节点城市或区域经济中心，如重庆、成都、武汉、郑州、西安、兰州等均在这一联通网络中。同时，与物理对外开放条件相匹配的对外开放政策也不断出台。2017 年新设立在中西部的 5 个自贸试验区，与边境经济合作区、跨境经济合作区一道将对促进中西部对外开放与区域经济发展起到显著作用，形成陆海内外联动、东西双向互济的开放格局。未来，随着"一带一路"建设加快推进，中西部地区将逐步从开放末梢走向开放前沿，开放型经济发展空间广阔。

3. "一带一路"建设为我国扩展同发展中国家的经贸联系，形成更为多元化的全球伙伴关系，推动经济全球化向更为普惠平衡、公正共赢的方向发展，提供有力保障

现代经济增长的根本在于劳动生产率的提高，劳动生产率的提高很重要的来源是专业化分工，而专业化分工则取决于市场规模。改革开放以来，我国经济快速发展正得益于抓住了全球化的历史机遇，积极融入国际市场参与国际分工，使得自身经济实力不断得到锤炼与升级。在这一过程中，发达国家一直是我国的主要经贸伙伴。巩固与发达国家的经贸合作，可以稳定我国开放型经济的基本盘。同时，我国与广大发展中国家的经贸联系也日益密切。未来，我国在巩固发展中国家与发达国家的经贸关系的同时，还要积极通过"一带一路"建设扩大同发展中国家的开放合作，扩大总体市场规模，实现各国优势资源更为密切地整合。在共商共建共享原则的指引下，将有利于我国与沿线国家实现共同发展与繁荣，推动经济全球化向更为普惠平衡、公正共赢的方向发展。

（二）以"一带一路"建设为重点，推动形成全面开放新格局

"一带一路"建设是推进我国新一轮对外开放的重要抓手，新形势下推进"一带一路"建设，要以构建全面开放新格局为努力方向。

1. 将"一带一路"建设作为我国对外开放的新契机

要抓住契机，打破画地为牢的思维定式，将路海内外、东西双向全部纳入交流合作范畴。"一带一路"倡议是在"反全球化"和"逆全球化"暗流涌动的国际经济发展大背景下，我国结合自身产能优势、技术与资金优势等，实行全方位开放的一大创新。"一带一路"沿线国家在矿产资源、能源储备等方面都有不同程度的优势，尽管沿线国家多数为新兴经济国家，在贸易规范、贸易政策等方面还不尽完善，但稳步推进合作交流会为我国

在产业发展、生态保护、人力资源等多方面储积许多宝贵的发展经验。通过"一带一路"建设共同分享中国改革发展红利，与沿线国家主动建立起政治互信、经济互利的利益共同体。

2. 将"一带一路"建设作为我国对外开放的新通道

"一带一路"倡议坚持共商、共建、共享的原则，推动与沿线国家各个领域的务实合作，实现沿线各国在经济、能源、贸易等各方面发展多元化，符合中国和沿线国家的根本发展需要，受到沿线各国的共同欢迎。"一带一路"建设努力打破以往贸易发展的制约瓶颈，将贸易便利化、贸易自由化从理论设想，逐步转化为贸易实践。目前我国与有的国家在简化海关手续、改善通关环境、促进贸易便利化等方面下了很多功夫，促进了重点产业发展和外贸交流增长，也为我国参与更广泛的世界贸易交流，维护贸易高效、公平提供了一条新通道。

3. 将"一带一路"建设作为我国对外开放的新突破

"一带一路"建设并没有将对外贸易孤立确定为对外开放政策的唯一内容，而是在投融资、生产、网络服务等方面全方位、立体化地构建起交流融合格局。以往低层次产品贸易仅是将贸易范畴限定在初级产品自身之上，而对于产业涉及的其他要素没有引起太多的重视。"一带一路"倡议的互联互通为包括生产高新技术等要素在内的贸易交流提供了一种新的可能。"一带一路"建设为交流融合创造了新的制度平台，使得更多沿线国家有可能通过技术交流融合，创造新的贸易范畴。

四、经济带到经济轴带

"十二五"期间，区域协调发展机制基本形成、总体战略更加完善，在四大板块战略的基础上，又提出了"一带一路"、京津冀协同发展、长江经济带三个支撑带战略。中共十八届五中全会审议通过了《中共中央关于制定国民经济和社会发展第十三个五年规划的建议》。建议提及，拓展区域发展空间，以区域发展总体战略为基础，以"一带一路"建设、京津冀协同发展、长江经济带建设为引领，形成以沿海沿江沿线经济带为主的纵向横向经济轴带。"十三五"期间，在现有区域发展总体格局的基础上，将继续深入实施区域发展总体战略，即"四大板块 + 三个支撑带"的战略大布局。从经济带到经济轴带，意味着未来我国区域发展将更加注重统筹协调，通过培育若干带动区域协同发展的增长极，最大限度地发挥辐射带动作用，为经济保持中高速增长培育广阔的区域发展新空间。

从经济带到经济轴带意在强调区域发展增长极将由点及面、连接成轴，最大限度地发挥辐射带动作用。中国区域经济学会副会长肖金成指出，当前我国交通运输方式组合条件好，具有一定发展基础的主要交通干线已经形成了比较明显的经济隆起带，主要有沿海经济带、长江经济带、京广京哈经济带、珠江—西江经济带、陇海兰新经济带、包昆经济带等。轴带经济突破行政区的界限，依赖市场力量，注重联动效应，通过区域之间的各种联系带动生产要素流动，强调不同区域之间的协同发展、共享发展和包容性发展。强调四大板块到强调经济轴带引领作用意味着未来5 年我国区域经济发展将更加注重统筹协调，通过培育若干个经济轴带，最大限度地发挥辐射带动作用，为我国经济保持中高速增长培育新的空间。

多年实践证明，四大板块战略发展存在一些突出问题。建立在四大板块基础上的区域经济政策主要是以地理位置来考虑行政区划对我国区域进行的划分，在一定程度上割裂了区域之间的经济联系，形成了在政策上各个区域板块的攀比，导致发展诉求与支撑条件不匹配。新时期要充分发挥横跨东中西部、连接南北方的重要轴带，提升轴带对统筹区域发展的引领和带动作用。充分发挥一级轴带的核心作用，辐射带动周边地区形成二级开发轴带和复合开发轴带，如充分发挥长江经济带的辐射带动作用，延伸形成汉江经济带、湘江经济带、赣江经济带等二级开发轴带，形成我国东中西部开发的主轴带。

我国已形成若干条纵横全国的经济带。如沿海经济带、沿长江经济带、陇海兰新经济带和京广京哈经济带。这4条经济带被称为开字形经济带，在"十一五"规划中表述为"两横两纵"，即以沿海及京广京哈线为纵轴、长江及陇海线为横轴。在《全国主体功能区规划》中增加了一条包昆经济带，成为"两横三纵"。这几条经济带已成为承东启西、连南贯北的经济主骨架，在其上云集了大量的城市和产业。次一级经济带也就是区域范围的经济带也有很多条，如京沪经济带、黄河上游经济带、广西西江经济带、山西大（同）运（城）经济带、杭州至怀化经济带，等等。

（一）纵向发展轴

1. 沿海经济带

沿着东部海岸线从北向南分布了丹东、大连、锦州、营口、盘锦、葫芦岛、秦皇岛、唐山、天津、沧州、滨州、东营、烟台、威海、青岛、日照、连云港、盐城、南通、上海、宁波、舟山、台州、温州、宁德、福州、莆田、泉州、厦门、漳州、潮州、汕头、汕尾、深圳、香港、澳门、珠海、阳江、茂名、湛江、海口、北海、钦州、防城港等40多座大中城市。沿海经济带是我国经济最发达的地区，发育相对成熟的城市群基本都分布在这一经济带上。经济基础雄厚，产业结构比较合理、基础设施完备、国际化程度高，已形成了整体优势，是我国今后参与国际竞争的先导区域以及率先实现现代化目标的示范区域。

2. 京广京哈经济带

沿京广京哈铁路沿线从北向南分布了哈尔滨、长春、四平、铁岭、沈阳、盘锦、锦州、葫芦岛、秦皇岛、唐山、天津、廊坊、北京、保定、石家庄、邢台、邯郸、安阳、鹤壁、新乡、郑州、许昌、漯河、驻马店、信阳、孝感、武汉、咸宁、岳阳、长沙、湘潭、株洲、衡阳、郴州、韶关、靖远、广州、佛山、江门、中山、珠海等 40 多座大中城市，几乎覆盖了我国东北和中部地区。发达的陆路通道为沿线经济发展提供了便利条件，串联了辽中南、京津冀、中原、长江中游和珠三角五大城市群，联通辽河、海河、黄河、长江、珠江五大水系。原材料工业、装备制造业、农副产品加工业比较发达，农业生产条件良好，是我国重要的粮食生产基地。随着老工业基地的振兴及新兴工业基地的崛起，该经济带的发展潜力将进一步发挥。

3. 包昆经济带

沿包西铁路、宝成铁路、成渝铁路、内昆铁路分布了包头、鄂尔多斯、榆林、延安、铜川、咸阳、西安、汉中、成都、重庆、内江、自贡、宜宾、昭通、曲靖、昆明、玉溪等十几座城市。将西部关中和川渝两大城市群连接在一起，辐射带动了西部地区的发展。通过加强能源矿产资源开发，沿线煤炭工业、天然气工业、石油工业、原材料工业对全国经济发展的支撑作用将进一步加强，对于保障国家经济安全具有极其重要的战略意义。但由于受多方面因素的限制，该经济带的整体实力还比较弱，需要国家加大支持力度。

（二）横向发展轴

1. 长江经济带

沿黄金水道长江分布了宜宾、泸州、重庆、万州、宜昌、荆州、武汉、黄冈、鄂州、黄石、九江、安庆、池州、铜陵、芜湖、马鞍山、南京、镇江、扬州、泰州、常州、无锡、苏州、南通、上海等 30 多座城市。将长江三角洲与长江中游、川渝等城市群连接起来，形成了一条以长江为纽带的人口与产业发展轴线。长江发展轴产业基础雄厚，分布了一大批我国重要的基础产业和战略性产业基地，具有巨大的发展潜力和优越的发展条件，是强化我国东中西部经济联系的最重要通道。但受区位和政策因素的影响，长江经济带发展不平衡，呈现出反梯度的发展格局，需要采取有力措施加快长江上游经济的发展。

2. 陇海兰新经济带

沿陇海兰新铁路从西向东分布了博尔塔拉、奎屯、石河子、乌鲁木齐、吐鲁番、哈密、嘉峪关、酒泉、张掖、金昌、武威、西宁、兰州、白银、定西、天水、宝鸡、咸阳、西安、渭南、三门峡、洛阳、郑州、开封、商丘、宿州、徐州、连云港等 20 多座城市，贯穿我国东中西部 10 个省区，共与 11 条南北向铁路交会。将中原、关中城市群及未来将要形成的天山北坡城市群连接起来，能源、电力、石化、有色金属、装备制造、轻纺、电子、航天航空等工业较为发达，已形成郑州、西安、兰州、乌鲁木齐等若干重要的区域性经济中心以及徐州、洛阳、宝鸡、天水等一批工业城市。陇海—兰新沿线虽然开发历史悠久，但经济发展滞后，沿线城市辐射能力有限，城市间横向联系和分工协作还不密切，整体发展程度远不及沿海。

十八大以来，党中央着力推进区域协调发展，形成以"一带一路"建设、京津冀协同发展、长江经济带发展三大战略为引领，统筹推进西部大开发、东北振兴、中部崛起和东部率先四大板块联动发展的区域发展总体格局，中国区域发展协同性不断增强。习近平在党的十九大报告中指出："实施区域协调发展战略。"这是党中央在中国特色社会主义新时代针对区域协调发展新特征、立足解决发展不平衡不充分问题做出的重大战略部署，以全方位、系统化视角，提出今后一个时期实施区域协调发展战略的主要任务，着力提升各层面区域战略的联动性和全局性，增强区域发展的协同性和整体性，必将进一步开创中国区域协调发展新局面，真正让"轴带"成为中国经济发展的"脊梁"。

第二章 闽新轴带概念及内涵

第一节 闽新轴带提出背景

一、经济带的内涵

经济带是在劳动地域分工基础上形成的不同层次和各具特色的带状地域经济单元。经济带是依托一定的交通运输干线、地理位置、自然环境等并以其为发展轴，以轴上经济发达的一个和几个大城市作为核心，发挥经济集聚和辐射功能，联结带动周围不同等级规模城市的经济发展，由此形成点状密集、面状辐射、线状延伸的生产、流通一体化的带状经济区域或经济走廊。

经济带的形成和发展决定于生产力发展水平、劳动地域分工的特点和规模，专门化与综合发展结合的程度，并且是由低级向高级循序渐进的过程。由于各地区经济发展不平衡，各经济区带可处于不同的发展阶段。有的经济区带已建成高度发达的地域生产综合体；而在一些边远地区，由于社会历史原因和自然条件、地理位置等因素，尚未形成以中心城市为核心的地域生产综合体，只能称为后备经济区带或正在形成中的经济区带。一个高效能的经济区带是内部结构协调发展，当地自然、劳动力资源和经济潜力得到充分发挥，生态系统保持良性循环，并和区外保持畅通经济联系的经济实体。

区域经济是一个整体，讲究点线面结构，以线串点，以点带面，从而形成一体化结构。其中线的构成尤为重要。经济轴带意在强调区域发展增长极将由点及面连接成轴，最大限度发挥辐射带动作用。

二、轴带经济研究进展

（一）板块经济

板块经济是行政区经济，以一个或多个行政区域为基本单元，属于行政区之间的抱团取暖、组团发展，区域内部和区域之间协调的基本工具是行政手段。从某种意义上讲，板块经济是竞争的、静态的、相对封闭的。在板块经济发展的初期，行政因素在区域经济发展中起着重要的推动作用。当板块经济发展到一定阶段，行政因素的推动作用开始减弱，甚至由积极的推动因素演化为消极的阻碍因素，形成行政壁垒，阻隔生产要素的流动。

（二）轴带经济

点轴开发理论最早由波兰经济学家萨伦巴和马利士提出。点轴开发模式是增长极理论的延伸，从区域经济发展的过程看，经济中心总是首先集中在少数条件较好的区位，成斑点状分布。这种经济中心既可称为区域增长极，也是点轴开发模式的点。随着经济的发展，经济中心逐渐增加，点与点之间由于生产要素交换需要交通线路以及动力供应线、水源供应线等，相互连接起来就是轴线。这种轴线是为区域增长极服务的，但轴线一经形成，对人口、产业也具有吸引力，吸引人口、产业向轴线两侧集聚，并产生新的增长点。点轴贯通就形成点轴系统。因此，点轴开发可以理解为从发达区域大大小小的经济中心（点）沿交通线路向不发达区域纵深地发展推移。

轴带经济是经济区经济，往往突破行政区的界限，其指向开放，是动态的、合作的外向协调，主要依靠区域之间的各种联系带动生产要素流动，更多地依赖市场力量，更加注重联动效应。与传统的汲取性发展相比，轴带经济更加强调不同区域之间的协同发展、共享发展和包容性发展。

（三）板块经济与轴带经济之间的联系与区别

实施轴带战略特别是纵贯或横贯不同板块之间的轴带，是串联式发展。实施板块与轴带、城市带相结合的战略有利于同时发挥并联和串联效应，构建网络化的区域发展格局，形成高效节能的"集成电路"，推动区域协调发展提质增效。

由以板块经济为主导，到实施板块经济与轴带经济相结合战略，并把纵横经济轴带交错形成的城市群作为区域协调发展的主要引擎，有利于突破行政区经济的束缚，提升对外和对内开放程度，增强区域间经济社会发展的互补性、共享性和发展韧性，是新发展理念在区域发展领域的集中体现。第一，轴带引领战略体现了创新发展理念，是区域协调发展理论的集成创新。以区域协调发展的点轴理论为基础，但更加强调增长极之间、增长极与保护极之间的互动，是点轴理论的升华，同时又体现了圈层理论、中心—外围理论的作用机理，融入了新区域主义发展理论，是区域协调发展理论的集大成。第二，轴带引领战略体现了协调发展理念，是区域协调发展实践的更高形态。第三，轴带引领战略体现了开放发展理念，是扩大对内对外开放的有效载体。与传统的区域发展战略相比，轴带战略最大的特点是沿轴线双向开放，在开放中扩大交流，促进融合，实现协调。第四，轴带引领战略体现了绿色发展理念，是资源开发与保护的有机结合。轴带引领战略突出主体功能区规划的约束作用，既强调在有限的空间内实施有序开发，更强调着眼于更加广阔的视野实施有效保护，突出可持续发展的时代主题。第五，轴带引领战略体现了共享发展理念，是补齐区域发展短板的现实路径。通过强化区域之间的内在联系，把欠发达地区纳入经济社会发展的大循环，增强其自我发展和内部循环能力。

第二节　闽新轴带基本内涵

习近平在十九大报告中指出：实施区域协调发展战略，建立更加有效的区域协调发展新机制。要以"一带一路"建设为重点，坚持引进来和走出去并重，遵循共商共建共享原则，加强创新能力开放合作，形成陆海内外联动、东西双向互济的开放格局。

闽新轴带由福建、江西、湖北、陕西、甘肃、新疆六省区连接而成，是连接"丝绸之路经济带核心区"（新疆）和"21世纪海上丝绸之路核心区"（福建）的最便捷大通道（见图2-1）。闽新轴带的建立实际上就是将"一带一路"的两个核心区打通、贯穿起来。通过连接"一带"和"一路"，可整体完善我国的对外开放格局，推动国家的区域均衡发展，支撑我国和平崛起的战略。另外可以进一步将江西、安徽、湖南、湖北等中部省市纳入"一带一路"倡议，促进中部崛起。倡导并实施闽新轴带东中西部联动发展大通道空间战略，是为了准确把握和有效解决十九大报告中提出的社会矛盾新变化，即"人民日益增长的美好生活需要和不平衡不充分的发展之间的矛盾"。在陆海统筹双向开放的背景下，将闽新轴带上升为国家级生产力大通道，将有助于建立更加有效的区域协调发展新机制，有利于更好地对接"一带一路", 形成"陆海内外联动、东西双向互济的开放格局", 具有重要的战略意义。

　　闽新轴带连接着西北内陆开放经济区 (乌鲁木齐、喀什经济区、霍尔果斯经济区) 和东部沿海开放经济区 (福建自贸区、海西经济区), 沿线拥有天山北部、兰西、关中、武汉、环鄱阳湖等城市群, 拥有江西省重点打造的昌九—昌抚一体化区域, 同时该轴带也分布着较多的革命老区和贫困地区, 提升闽新轴带战略地位可促进海陆资源要素的流通, 提高中西部地区城镇化水平, 带动落后地区脱贫致富, 促进东中西部协调发展。

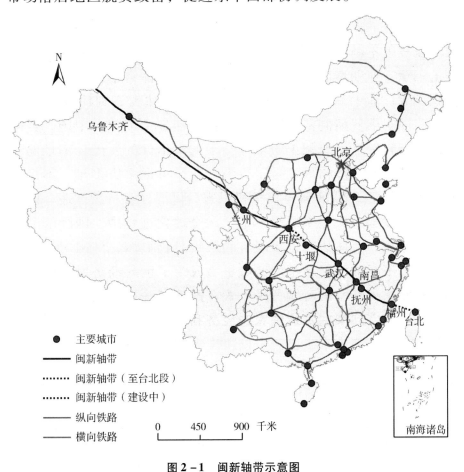

图2-1　闽新轴带示意图

第三节 闽新轴带建设意义

一、破解经济政治封锁，联通我国两大开放扇面

放眼当下，综观全球政治经济格局：中东伊朗核问题拖延、叙利亚战火不断；欧洲难民潮、乌克兰局势动荡、伊斯兰国恐怖袭击猖獗；亚洲泰国军事政变、日本解禁集体自卫权，东亚和平受到挑战；地中海地区以色列大规模军事冲突、利比亚武装冲突；美国对俄罗斯制裁加剧，导致俄罗斯经济崩溃；中国、美国政治博弈升级，南海领土纷争等一系列大事件的发生。不难发现当今世界政治经济格局发生了巨大变化，可谓多灾多难，不仅政治局势不稳定，2008 年经济危机以来，世界经济持续低迷，内需不振，众多国家失业率居高不下。在全球化进程中，国际政治经济的全球化、一体化对世界经济的影响日趋显著，各国之间的相互依存度不断加深。新型的区域贸易成为了世界经济增长的新动力，然而这种新型的区域贸易形式在撼动某些发达国家的世界霸主地位，损害到某些发达国家的经济利益的同时，也会为很多国家和地区的经济带来生机。可以说当今世界的政治经济格局正在悄然发生着巨大的变化。

中国作为一个新兴的政治经济大国，从 1978 年 12 月十一届三中全会起开始对中国实行对内改革、对外开放，1979 年在福建省、广东省设立经济特区开始，到 1987 年"一个中心，两个基本点"的提出，1992 年社会主义市场经济体制改革目标的确立，

2001 年正式成为世界贸易组织成员方，再到 2005 年提出建设社会主义新农村的重大历史任务，以及 2012 年习近平提出的中国梦，2013 年亚洲基础设施投资银行建立的提出，建设"新丝绸之路经济带"和"21 世纪海上丝绸之路"的提出，等等，这一系列重大事件的发生都标志着中国作为世界上最大的发展中国家，经济飞速发展，对外贸易规模迅速扩大，世界影响力不断增强，在世界政治经济的舞台上已经确立了重要地位。

中国经济体量超越日本，成为继美国之后的世界第二大经济体后，所面临的 GDP 增速放缓、美国对中国经济封锁等问题日益凸显。为了顺应世界多极化、经济全球化、文化多样化、社会信息化的潮流，秉持开放的区域合作精神，致力于维护全球自由贸易体系和开放型世界经济，共建区域经济体系显得极其重要。我国在东部、南部及北部地区都经历了不同程度的经济政治封锁，而闽新轴带连接了"一带一路"倡议与长江经济带两大国家地带，是国家级战略的枢纽区域，具有重要的空间链接作用。环太平洋和欧亚大陆是新时期我国对外开放的两大扇面，闽新轴带联通我国西北—东南双向开放的重要轴线，进一步联通了我国两大开放扇面，加速了中西部内陆抵达东部地区的速度，便于资源产品组织和集散，将西部的资源优势转为经济优势的同时解决了东南沿海资源短缺问题，有助于优化国家生产力布局；有利于我国在一定程度上突破在环太平洋、环印度洋地区内的经济、政治封锁，促进我国海陆统筹发展以及多元开放体系的构建；有助于优化国家生产力布局；有利于坚持陆海统筹，加快建设海洋强国。

二、营造国家安全环境，推动祖国和平统一，实现中国梦

闽新轴带两端联系着新疆民族地区及闽台地区，两大区域是中国地缘政治环境十分敏感的重要组成部分。该轴线上，西中东

三大战区空间邻接，形成了国家西北—东南重要战略安全通道，加强了新疆与我国东中部省份互联互通和对外开放水平，促进各民族交流交融，有利于加快边疆发展，确保边疆巩固、边境安全，轴带建设为社会稳定和长治久安奠定了坚实基础。海峡西岸是沿海第三极，闽新轴带的建设为海西经济区提供直接而深广的腹地支撑，江西等内陆省份为海西经济区的腾飞提供了强大的要素支撑和广阔的市场；借助"一带一路"倡议及福建自贸区政策红利，海西经济崛起将对台湾地区经济产生明显的辐射效应，这将为祖国统一大业建立良好的经济基础和民意基础。

闽新轴带建设可促进两岸经贸联系。①有利于台商对外投资数量提升。台湾地区的对外投资主要以大陆为主，投资比例较大。2007年之前尽管有波动，整体还是呈现上升的趋势，2008年因金融危机下滑，此后增长的趋势变缓，这与大陆的投资环境发生了很大的变化有关，其中劳动力成本上升，经济增速放缓，在这样的背景下，台商投资增速亦放缓。闽新轴带建设获得的广大腹地支持有利于吸引台湾地区的投资。②有利于台商投资向大陆中西部拓展。1952～2015年台商在大陆累计投资主要集中在江苏、上海、广东、福建以及浙江等沿海地区，呈现T字形分布，东西差异巨大，内陆地区相对较少。闽新轴带的建设可以改善海峡西岸经济区和中西部经济发展的整体水平和状态，加速台商投资向中西部地区拓展的进程。③有利于台商投资产业结构提升。台商投资的产业结构基本上以第二产业为主，第三产业次之，第一产业最低，第三产业近年发展速度较快。轴带的建设可促使单一的制造业企业顺利地向内部地区转移，有利于生产性服务业的进一步发展和融合。

从长期来看，台湾地区投资可刺激大陆GDP的正向增长，对台湾的经济增长则保持长期影响且幅度较大的正向促进作用。因此，联合打造闽新轴带是一项时空皆宜的战略举措。闽新轴带的建设，江西等其他内陆省份可为海西区的发展提供巨大的腹地支持，促进海西区的经济崛起，对台湾地区的经济也可以产生很好的作用，为祖国统一大业提供了很好的经济基础和民意基础。

西北地区是我国内陆腹地和少数民族聚居地区，处于"一带一路"国内段的前沿。而新疆地处亚欧大陆中心，自古就是丝绸之路的核心地带，从丝绸之路经济带的空间格局来看，其在我国境内主要有北、中、南三条大通道，分别从东部经济最发达的三个经济圈出发，依托国内现有交通干线，自东向西贯穿沿线重要节点城市，经新疆通向中西亚、南亚和俄罗斯等。其中，北通道起于环渤海经济圈，自京津冀经山西、内蒙古，进入新疆伊吾县，再经准噶尔盆地北缘的北屯市、吉木乃县西出哈萨克斯坦至俄罗斯等国；中通道起于长三角经济圈，自上海沿第二座亚欧大陆桥横穿我国中原、西北诸省区，由新疆哈密经乌鲁木齐市、精河县，分别从阿拉山口和霍尔果斯出境直通中西亚至欧洲；南通道起于珠三角经济圈，自广东经湖南、重庆、四川、青海，由新疆若羌县，再经和田、喀什，南下印度洋沿岸的巴基斯坦瓜达尔港等。新疆是这三条大通道的交汇之地，又处于亚太与欧洲两大经济圈之间的重要节点和枢纽，临近中亚，在其5600多千米的漫长边界线上，周边毗邻8个国家，拥有17个国家一类陆路开放口岸和2个航空口岸，是连接中国内陆和亚欧的最便捷区域。因此，在共建丝绸之路经济带上，新疆具有非常明显的、其他省市不可替代的战略地位优势。边疆安全稳定是国家安全的重要组成部分，是国家治理的重要内容，事关国家的荣衰兴亡。闽新轴带的建设将有利于拉近新疆与我国内陆省份的联系，加强东中部资源向西北地区的流动，缩小边疆地区与国家核心区域之间经济发展和民生福利的差距，同时促进各民族之间的文化交流，促进边疆具有异质性的民族意识、民族风俗习惯、民族文化与主流意识形态能够处于和谐状态之中，巩固边疆少数民族群众对中华民族的民族认同感。

三、统筹中西部城市群建设和协调发展，全面建成小康社会

改革开放以后，我国经济和社会在快速发展的同时，地区之间的发展差距也在不断扩大。基于共同富裕的发展目标，1992年，邓小平对调控我国区域发展差距做出了整体构想。在"九五"计划中，国家把坚持区域经济协调发展、逐步缩小地区发展差距作为一条重要方针。进入 21 世纪以后，面对不断扩大的地区发展差距，国家先后提出了西部大开发、振兴东北地区等老工业基地、中部地区快速崛起和支持东部地区进一步加快发展四大区域发展战略。按照社会主义市场经济体制的要求，在四大战略的实施过程中必须建立全国统一的、跨越四大地区的开放性市场体系，通过跨区域合作，提高资源配置效率，最终实现区域经济协调发展。区域合作必须要有载体和平台，载体和平台又必须是跨区域的。在东中西三大地区的合作和协调发展中，闽新轴带就是一个重要的载体和平台。按照点轴理论和 T 字形开发模式，闽新轴带的沿线地区是我国国土开发和区域经济布局的重要地区。

促进区域协调发展是提升区域开发质量与效率的核心。我国东中西三大板块资源禀赋各有不同、产业基础各有侧重、区位条件各有优势。近年来，三大板块都依据自身优势，采取因地制宜的空间规划，形成了特色鲜明的产业结构。随着"一带一路"倡议的实施，沿线各省迎来了新的发展机遇，催发了内陆开放经济高地和内陆经济门户的形成与发展，促进区域内资源的流通与置换，重塑我国经济空间格局。如何推动各省经济稳步发展、促进产业结构优化、融入"一带一路"倡议，区域发展面临的新课题，同时也对东中西三大板块的空间规划与联合提出了新的挑战。

闽新轴带连接着西北内陆门户城市及经济区（乌鲁木齐、喀

什经济区）和东部沿海经济区（福建自贸区、海西经济区），拥有关中城市群、长江中游城市群两大内陆开放型高地，同时轴带内有较多革命老区和贫困地区分布，在闽新轴带内，自东向西，经济发展基础和实力依次梯度递减，福建省经济发展条件优越、基础雄厚，具有巨大的带动和辐射能量。中部地区和西部地区的几个省份虽然也有较好的发展基础，但是与福建省相比，仍有较大差距。自然资源的分布却与此相反，丰度自东向西，依次递增。可见闽新轴带内是我国整个东中西三大地区区情差异的缩影。闽新轴带的建设可促进陆海资源要素的流通，优化中西部地区的城镇空间格局，推动形成枢纽—网络结构的城市发展格局，重塑我国东中西经济格局、协调区域经济发展及优化沿线城镇体系结构，带动落后地区脱贫致富，促进东中西部的协调发展，保证全体人民在共建共享发展中有更多获得感。

四、构建物流大通道体系，提升闽新轴带物流服务水平

物流市场分割、物流大通道建设滞后是造成我国长期物流成本高、产业有序转移和要素资源配置难以推进、物流整体运行质量低的重要原因，加快构建便捷通畅的跨区域物流网络和物流大通道有利于跨区域物流合作与资源共享、助力国家重大战略和区域发展战略的实施，对于促进物流业转型升级、实现产业结构调整和区域联动发展、建设现代化经济体系至关重要。

在经济新常态和世界经济复苏乏力的背景下，通过加强统筹规划、积极发展"互联网＋"高效物流、推进物流业降本增效、着力补齐物流短板等措施，我国物流业保持了稳中有升的发展态势，物流产业规模、运行质量和效率不断提升。2016年全国社会物流总额为229.7万亿元、物流业总收入为7.9万亿元，公路货运量、铁路货运量、港口货物吞吐量、快递业务量均居世界第一，已成为全球第一大物流国家。尽管物流业得到了迅速发展，

但受多种因素影响和制约，我国物流业整体发展水平与发达国家相比仍有较大差距，发展方式比较粗放，在某些方面甚至落后于欠发达国家和地区，远不能满足我国的国内外发展需要。

当前最困难、最迫切需要解决的是破除跨运输方式、跨行政区域、跨行业部门的分割壁垒，尽快构建布局合理、技术先进、信息通畅、管理规范、绿色环保、安全有序、衔接国内外的现代物流网络和服务体系。而畅通的国际国内物流大通道和功能完善的物流枢纽节点设施建设则是跨区域物流网络是否健全和功能得以发挥的前提，也是破解目前跨运输方式、跨行政区域、跨行业部门分割壁垒的重要切入点，更是促进资源有效整合、推进物流业降本增效的有效途径。

物流大通道是指依托综合交通运输网络形成的物资流动大动脉、主骨架，连接主要的生产地和消费地、串联重点物流节点城市、衔接国际国内两个市场，是贸易大通道和国家经济走廊的重要载体。它具有货流密度高、辐射带动作用强、交通资源和物流需求集中、战略地位突出等特点。推进物流大通道建设的目的，旨在提升物流大通道承载力、辐射力和带动力，以高效物流引领资源集聚整合、要素集约配置、功能集成优化、产业集群发展，加强国内国际互联互通，推动经贸交流合作。

闽新轴带构建了西北—东南经济走廊，加强了新疆、甘肃、陕西、湖北、江西、福建、台湾等沿线地区的社会经济交流。我国资源供需矛盾突出，闽新轴带加速了中西部内陆抵达东部地区的速度，便于资源产品组织和集散，将西部的资源优势转为经济优势的同时解决东南沿海资源短缺的现象，优化国家生产力布局。同时，闽新轴带的西北—东南走向与干湿地带性分异规律相吻合，自然人文景观分异明显，旅游价值高，能有利地带动沿线地区旅游业的发展及文化交流，推动实现产业扶贫，带动沿线地区脱贫致富。

五、构建西北—东南交通大动脉，优化交通格局及产业布局

交通承载着政治、经济、文化多重功能，在某种意义上，交通可以说是规模最宏大的公共服务。现今我国交通的格局追溯至唐代已基本成型，以国家都城为重要的核心，向东较密集，与较高的经济、人口相适应；向西北、西南的战略要道越过天堑和荒原，通向辽阔的边疆。这种交通的疏密关系和战略格局，至清代更加明显。这种由中国特殊的人文地理结构决定的经济、人口、交通布局，在胡焕庸研究得出的瑷珲—腾冲线（即胡焕庸线）的概括下，得到了更加凝练、精准的体现。

胡焕庸线是我国人口、经济的重要分界线。东侧地区经济发展、要素集聚等均处于较高水平，西侧地区则处于塌陷区。无论是交通运输基础设施，还是交通运输服务，我国综合交通发展都呈现很强的东南半壁—西北半壁差异化发展的格局。而西北—东南走向的闽新轴带垂直于胡焕庸线，促进胡焕庸线东西两侧资源要素流动，推动区域协调发展并缓解胡焕庸线对中国经济地理格局的锁定，提高空间溢出效应，加强两侧地区之间的经济关联，缩小地区间、城乡间的差距，促进区域同城化，促进交通与沿线城镇化、沿线生态文明建设融合，促进产城融合，打造出交通、产业、城市和山水林田湖均衡发展的绿色、高效、美丽的交通格局。

改革开放以来，我国先后实施了建设经济特区、沿海开放城市等措施来推动沿海地区的经济发展。沿海地区凭借着优越的区位优势、政策优势条件发展了起来。我国东部沿海已经建成了京津冀、长三角、珠三角三大城市群，另外，建设中的还有辽东半岛城市群、山东半岛城市群、海峡西岸经济带等。然而，位于胡焕庸线左侧的广大中西部地区经济发展却相对落后许多。闽新轴带连接着胡焕庸线两侧的海峡西岸经济带、长江中游城市群、川

渝城市群、关中—天水经济区等，武汉大都市圈正在建设"两型社会"试验区，成渝城市群是我国城乡统筹发展经济区，两条轴线"十字交叉"区域位于成渝城市群及关中—天水经济区，以此为支点吸引整合经济要素，加快要素资源流动速度和频率。我国东部地区经济发达，面临着产业高度化、低附加值产业向高附加值升级、从粗放型经济向集约型经济转型的任务，中西部地区自然资源丰富、劳动力资源密集，发展潜力巨大，因此我国亟须协调发展东中西部产业体系。建设闽新轴带有助于我国东中西部发挥各自的比较优势，实现产业的合理布局和协调发展，必将有力地推动我国东中西部的政治经济协调发展，缩小经济发展的区域差异。

此外，闽新轴带斜分"八横八纵"铁路，可以缩短铁路不同方向上城市间的通行时间、减少中转换乘，整体提高国家铁路交通运输网络效率。

第四节　闽新轴带发展基础

一、六省概况

福建省位于我国东南沿海，拥有比陆地面积更加辽阔的海域面积，渔场较多，海洋生物种类繁多，贝、藻、鱼、虾种类数量居全国前列。港口众多，其中深水港湾22处，可建5万吨级以上深水泊位的天然良港有东山湾、厦门湾、湄洲湾、兴化湾、罗源湾、三沙湾、沙埕港7个，港口开发潜力大。台湾海峡的石油、天然气也已显现较好的资源潜力，沿海地热梯度较大，地热资源丰富，具有开采价值的热水区域较多；沿海风能资源丰富，可利用时数达 7000～8000 小时。沿海可利用潮汐发电的海水面积达 3000 平方千米，潮汐能理论装机容量达 3425 万千瓦，可开发装机容量 1033 万千瓦，占全国的 49.2%，居首位。同时，气候优越，山多海阔，旅游资源丰富，加之沿海有众多富有宗教、文化、军事、历史内涵的名胜古迹和新兴港口城市，是国内理想的观光度假胜地。

江西省位于我国东南部，季风气候显著，四季变化分明。地处长江中下游南岸，古称"吴头楚尾，粤户闽庭"，乃形胜之区，为长江三角洲、珠江三角洲和闽南三角地区的腹地。省内水资源丰富，河网密集，有全国最大的淡水湖——鄱阳湖。矿产资源丰富，已查明有资源储量的矿产有九大类 139 种，在全国居前十位的有 81 种，有色、稀土和贵金属矿产优势明显，是亚洲超大型的铜工业基地之一，有"世界钨都"、"稀土王国"、"中国铜都"、"有色金属之乡"的美誉。景德镇的瓷器源远流长，自隋唐以来，江西景德镇的陶瓷就是海上丝绸之路上的最大宗商品，可以说，江西是古丝绸之路的重要起点之一。江西农业在全国占有重要地位，是中华人民共和国成立以来全国两个从未间断向国家贡献粮食的省份之一，目前生态农业前景可喜，有机食品、绿色食品、无公害食品均位居全国前列。江西还是"红色摇篮、绿色家园"，旅游资源丰富。

湖北省位于我国中部，简称鄂。东邻安徽省，南界江西省、湖南省，西连重庆市，西北与陕西省接壤，北与河南省毗邻。全省自然地理条件优越，海拔高低悬殊，树木垂直分布层次分明，优越的森林植被呈现出普遍性与多样化的特点。湖北水资源丰富，素有"千湖之省"之称，三峡工程是世界上最大的水利枢纽工程，丹江口水库为南水北调中线工程起点。还是中部地区最大的综合交通通信枢纽，有"中国立交桥"之称，武汉新港是中部首个亿吨大港。湖北是中国重要的科教基地，拥有普通高校 129 所，在校大学生 140.18 万人，世界一流大学建设高校有 2 所，世界一流学科建设高校有 5 所，科教文化实力位居全国前列，国家科技奖获奖项目数量曾连续 7 年位居全国前四。湖北省还拥有丰富的旅游资源，是早期楚文化的中心地区之一，拥有大量名胜古迹。

陕西省简称陕或秦，地处我国内陆腹地，黄河中游，居于连接我国东部、中部地区和西北、西南的重要位置。陕西物华天宝，资源富集，是我国矿产资源大省之一。陕西地跨黄河、长江两大流域，水能资源丰富。陕西省境内生物资源丰富，生物多样性十分突出，秦岭巴山素有"生物基因库"之称，区域内药用植物近 800 种，天麻、杜仲、苦杏仁、甘草等的种植在全国具有重要地位，红枣、核桃、桐油是传统的出口产品，中华猕猴桃、沙棘、绞股蓝、富硒茶等资源极具开发价值。渭北是中国主要的优质绿色苹果出产地，陕西苹果种植面积和产量均居全国第一。陕西有悠久的历史、璀璨的文化、多样的自然环境，聚集了得天独厚的旅游资源，有以险峻著称的西岳华山、古朴浑厚的黄土高原等；也有珍贵的红色文化旅游资源如陕甘宁革命根据地照金纪念馆等。

甘肃省，古属雍州，地处黄河上游，是古丝绸之路的锁匙之地和黄金路段。甘肃是全国药材主要产区之一，现有药材品种 9500 多种，居全国第二，特别是岷当、纹党产量大、质量好，是闻名中外的出口药材。甘肃是矿产资源比较丰富的省份之一，矿业开发已成为甘肃的重要经济支柱，境内成矿地质条件优越。另外，甘肃省能源种类较多，其中风力资源居全国第五，可利用和季节可利用区的面积为 17.66 万平方千米，河西的瓜州素有"世界风库"之称；甘肃是中国太阳能最为丰富的三个区域之一，各地年太阳总辐射值在 4800～6400 兆焦/平方米，其中河西西部、甘南西南部是中国太阳能资源最丰富的地区。甘肃是中华民族和华夏文明的重要发祥地之一，也是中医药学的发祥地之一，被誉为"河岳根源、羲轩桑梓"。甘肃汇聚了始祖文化、丝路文化、黄河文化、长城文化和红色革命等多元文化，旅游资源丰富，长达1600余千米的景观长廊串起了河西四郡、嘉峪雄关、金城古渡、麦积烟云等著名景点。

新疆维吾尔自治区，简称新，位于亚欧大陆中部，地处中国西北边陲。是中国面积最大、交界邻国最多、陆地边境线最长的省区。新疆古称西域，是古丝绸之路的重要通道，是各民族迁徙融合的走廊，是"一体多元"文化和东西方文明交融的地区，自古以来就是祖国不可分割的一部分。新疆矿产种类全、储量大、开发前景广阔。石油、天然气、煤、铁、铜、金、铬、镍、稀有金属、盐类矿产、建材非金属等蕴藏丰富。新疆还拥有众多特色产业，新疆的红花产量占全国的80%，是特有的经济作物之一，新疆是我国著名的葡萄产地，以葡萄酒酿造为代表的葡萄酒产业发展迅速。近年来，随着我国加入WTO，与国际市场接轨，香精香料的产业化发展已引起了各界的重视，而新疆具有适合香料作物生长的地理、气候条件和水土光热资源，可以生产出一流的芳香植物原料。新疆地域辽阔，地大物博，山川壮丽，瀚海无垠，古迹遍地，民族众多，民俗奇异，旅游资源极为丰富。

二、闽新轴带区域基础

（一）六省区经济发展水平偏低

闽赣鄂陕甘新六省区以占全国29.13%的国土面积，只承载了16.76%的人口和15.62%的GDP（见表2-1），人均GDP低于全国平均水平，合作发展意愿强烈。其中，福建位于东南部沿海地区，经济发展条件较其余五省具有明显优势；江西是我国著名的革命老区，经济发展较为滞后；湖北作为我国科教大省，经济发展势头较为强劲；陕西作为我国具有灿烂历史文化的省份，是我国西北部经济发展的重要拉动力；而甘肃、新疆地处我国内陆西北边陲，经济发展较为滞后，亟须其他省份带动经济联动发展。六省区整体经济发展水平偏低，其相互间的经济发展水平差异显著，六省区联动合作将有助于推动其共同进步。

表 2-1　六省区人口和 GDP 在全国的位置

	六省区数值	占全国比重（%）
国土面积（平方千米）	280	29.13
GDP（亿元）	116225	15.62
常住人口（万人）	23172	16.76

（二）六省区经济社会互补性强

六省区资源禀赋各异，经济互补性较强，合作潜力和空间很大。福建地处东部沿海，港口众多；江西、湖北地处中部，农业资源、人才资源丰富；陕西历来为我国内陆腹地，特产富饶；而甘肃、新疆位于我国西北，拥有许多发达地区不具备的资源优势但开发不够完善。打造闽新轴带将加快中西部内陆抵达东部地区的速度，便于资源产品组织和集散，将西部的资源优势转化为经济优势的同时解决东南沿海资源短缺问题；有利于发挥比较优势，推动闽赣鄂陕甘新六省区共建共享物流、港口等基础设施，构建闽新轴带合作发展经济走廊。

（三）六省区合作现实基础较好

闽新轴带沿线除西安至十堰段规划高铁拟于 2017 年开工建设外，其余路段均已通车，时速均不低于 250 千米/小时，全线已开通高速公路，具有合作的良好交通基础设施条件。作为连接各省的纽带，交通条件的完善将有利于各省区之间的相互交流，有利于六省区之间的人员往来、资源流动，将区域内资源利用优势最大化。

（四）六省区在全国的重要地位

闽新轴带沿线六省区，闽、赣是全国生态文明试验区（全国3个），赣、新是全国绿色金融改革创新试验区（全国5个），赣、陕分别是长征的出发地和到达地。闽新轴带建设有助于国家多项创新改革的实验和实施。我国于2011年发布《主体功能区规划》，其中海西经济区、长江中游城市群中的武汉大都市区及鄱阳湖城市群、关中—天水经济区、兰州—西宁经济带、天山北坡城市群均位于闽新轴带上，轴带战略的实施将有利于统筹谋划未来人口分布、经济布局、国土利用和城镇化格局，形成人口、经济、资源环境相协调的空间开发格局。

（五）六省区的区域差异显著

六省区既有沿海地区也有边疆地区，既有民族地区也有贫困地区和革命老区，发展不平衡不充分问题较为突出，并且沿线六省区分别是东、中、西板块发展相对滞后区域。打造闽新轴带，符合中部崛起和西部大开发战略，有利于沿线六省区地区的紧密合作，共同谋求发展，在全国组建起一条跨越我国东中西三方的经济轴带，提升轴带辐射范围内城市的城市整体竞争力，加快中部崛起和西部大开发，有助于全面建成小康社会。

第三章 闽新轴带资源环境

　　自然资源就是自然界赋予或前人留下的、可直接或间接用于满足人类需要的所有有形之物与无形之物。资源可分为自然资源与经济资源，能满足人类需要的整个自然界都是自然资源，包括空气、水、土地、森林、草原、野生生物、各种矿物和能源等。自然资源为人类提供生存、发展和享受的物质与空间。社会的发展和科学技术的进步，需要开发和利用越来越多的自然资源。

　　自然资源有以下特征：①数量的有限性。资源的数量与人类社会不断增长的需求相矛盾，故必须强调资源的合理开发利用与保护。②分布的不平衡性。资源存在数量或质量上的显著地域差异；某些可再生资源的分布具有明显的地域分异规律；不可再生的矿产资源分布具有地质规律。③资源间的联系性。每个地区的自然资源要素彼此有生态上的联系，形成一个整体，故必须强调综合研究与开发利用。④利用的发展性。人类对自然资源的利用范围和利用途径将进一步拓展或对自然资源的利用率不断提高。自然资源按性质可分为可再生资源、可更新自然资源和不可再生资源；按提供物质能量的种数可划分为生物资源、农业资源、森林资源、国土资源、矿产资源、海洋资源、气候气象资源、水资源等。

　　中国自然资源丰富多样、潜力巨大，而闽新轴带作为联系陆海丝绸之路核心区（东南海疆门户福建与西北陆疆门户新疆）的最便捷大通道，由新疆、甘肃、陕西、湖北、江西、福建六省区连接而成，呈西北—东南（阿拉山口、霍尔果斯、乌鲁木齐、兰州、西安、武汉、南昌、福州、莆田）走向，作为横跨我国的大斜线，途径东、中、西三大地区，沿线有着多样的自然风光、自然资源种类丰富、地区差异性明显。分析闽新轴带沿线的自然资源不平衡问题，对于建设整个轴带上的多元文化景观带，让沿线地区的优秀文化资源重新焕发生机与活力，为"一带一路"沿线国家和地区带去生动的中国故事，对形成多元文化闪耀的文化景观长廊有着重要意义。

第一节　福建省资源环境

一、地理位置

福建境内峰岭耸峙，丘陵连绵，河谷、盆地穿插其间，山地、丘陵占全省总面积的80%以上，素有"八山一水一分田"之称。地势总体上西北高东南低，横断面略呈马鞍形。因受新华夏构造的控制，在西部和中部形成北东（北）向斜贯全省的闽西大山带和闽中大山带。两大山带之间为互不贯通的河谷、盆地，东部沿海为丘陵、台地和滨海平原。

陆地海岸线长达3752千米，以侵蚀海岸为主，堆积海岸为次，岸线十分曲折。潮间带滩涂面积约20万公顷，底质以泥、泥沙或沙泥为主。港湾众多，自北向南有沙埕港、三都澳、罗源湾、湄洲湾、厦门港和东山湾六大深水港湾。岛屿星罗棋布，共有岛屿1500多个，平潭岛现为全省第一大岛，原有的厦门岛、东山岛等岛屿已筑有海堤与陆地相连而形成半岛。

二、气候条件

福建靠近北回归线，受季风环流和地形的影响，形成暖热湿润的亚热带海洋性季风气候，热量丰富，全省70%的区域≥10℃的积温在5000～7600℃，雨量充沛，光照充足，年平均气温17～21℃，平均降雨量1400～2000毫米，是中国降雨量最丰富的省份之一，气候条件优越，适宜人类聚居以及多种作物生长。气候区域差异较大，闽东南沿海地区属南亚热带气候，闽东北、闽北和闽西属中亚热带气候，各气候带内水热条件的垂直分异也较明显。

三、森林资源

福建的森林覆盖率为65.95%，居全国首位。拥有1.15亿亩森林面积，全国六大林区之一。有的已辟为自然保护区，如三明莘口格氏栲保护区、建瓯万木林保护区、福建武夷山国家级自然保护区及漳江口红树林国家级自然保护区等，福建林区可分为中西部亚热带常绿阔叶林区和东部亚热带季风雨林区。福建地处泛北极植物区的边缘地带，是泛北极植物区向古热带植物区的过渡地带。

四、水资源

1. 水系

福建水系密布，河流众多，河网密度达0.1千米/平方千米。全省河流除交溪（赛江）发源于浙江，汀江流入广东外，其余都发源于境内，并在本省入海，流域面积在50平方千米以上的河流共有683条，其中流域面积在5000平方千米以上的主要河流有闽江、九龙江、晋江、交溪、汀江五条。闽江为全省最大河流，全长 577 千米，多年平均径流量为 575.78 亿立方米，流域面积 60992 平方千米，约占全省面积的一半。由于属山地性河流，河床比降较大，水力资源丰富，水力资源蕴藏量居华东地区首位。

2. 海洋资源

（1）海洋生物资源。福建海域面积 13.6 万平方千米，比陆地面积大 12.4%；水深 200 米以内的海洋渔场面积 12.51 万平方千米，占全国海洋渔场面积的 4.5%；滩涂面积 2068 平方千米。有闽东、闽中、闽南、闽外和台湾浅滩五大渔场；海洋生物种类 2000 多种，其中经济鱼类 200 多种，贝、藻、鱼、虾种类数量居全国前列。

海岸港湾资源。福建陆地海岸线长达 3752 千米，位居全国第二；海岸线曲折率 1:7.01，居全国第一。沿海岛屿星罗棋布，大于 500 平方米的岛屿 1321 个（其中有居民岛屿 98 个），居全国第二，占全国的 1/5。大小港湾 125 个，其中深水港湾 22 处，可建 5 万吨级以上深水泊位的天然良港有东山湾、厦门湾、湄洲湾、兴化湾、罗源湾、三沙湾、沙埕港七个，港口开发潜力大。

（2）滨海矿产资源。福建海岸地质构造复杂，已发现的矿产有 60 多种，其中有工业利用价值的有 21 种，矿产地有 300 多处。砂、花岗石、叶蜡石等探明储量居全国前列，饰面花岗石、高岭土、明矾石、玻璃用石英砂在全国占重要地位。盐业资源丰富，生产条件好，盐田总面积 11.02 万公顷，宜盐滩涂超过 2.67 万公顷，可以大规模利用的盐化工业品有氯化镁、澳素、石膏、钠镁盐、加碘盐等。台湾海峡石油、天然气也已显现较好的资源潜力，海峡西部 3 个成油凹陷油气前景看好，有望在厦澎凹陷、乌丘屿凹陷、澎北隆起建设油气田，勘测油气总量 2.9 亿吨。

（3）滨海旅游资源。福建山多海阔，山海兼容，优越的亚热带海洋性气候，多种多样的海岸类型，景色秀丽的岛屿，千姿百态的海蚀景观，加之沿海众多富有宗教、文化、军事、历史内涵的名胜古迹和新兴港口城市，构成了理想的观光度假胜地，其中有被列为国家重点风景名胜区的鼓浪屿、清源山、太姥山、海坛岛和国家旅游度假区的湄洲岛以及"海上绿洲"东山岛等。

（4）海洋能源资源。福建沿海地热梯度较大，地热资源丰富，具有开采价值的热水区域较多；沿海风能资源丰富，可利用时数达 7000～8000 小时；沿海可利用潮汐发电的海水面积达 3000 平方千米，潮汐能理论装机容量达 3425 万千瓦，可开发装机容量 1033 万千瓦，占全国的 49.2%，居首位。

五、矿产资源

福建省属于环太平洋成矿带中的重要成矿区之一，矿产资源比较丰富。全省已发现矿产 119 种，占全国已发现矿产总数的 69%。已探明储量并列入全省非普通砂石黏土类储量表的矿产 99 种，其中能源矿产 1 种、金属矿产 25 种、非金属矿产 73 种。上表矿区 1561 处，其中大型矿区 58 处、中型矿区 127 处，大中型矿区均以非金属矿为主。在已探明的矿产中，占重要地位的有钨、铁、锰、钼、铌、钽、铅、锌、稀土矿以及叶蜡石、重晶石、高岭土、石英砂、花岗石、萤石、石灰岩（含水泥灰岩、熔剂灰岩、化工灰岩）和煤等。其中优势矿产资源有钨、钽、叶蜡石、萤石、石英砂、高岭土、花岗石和重晶石。它们在国民经济建设中发挥了重要作用，已被大量开发利用。具有明显经济优势的矿产有铁、锰、石灰岩、地下热水和砖瓦黏土等，金、银、铜、铅、锌、锡、稀土等矿产具有潜在的优势。磷、石膏以及陆地上的石油、天然气等为短缺的矿产。

六、野生动植物资源

1. 野生动物资源

全省已记录分布的野生脊椎动物有 1686 种，约占全国的

30%，其中，鸟类 550 多种（含亚种）、兽类 150 种（含亚种）、两栖类 46 种、爬行类 123 种、鱼类 817 种（其中文昌鱼纲 1 目 1 科 3 种、圆口纲 1 目 1 科 1 种、软骨鱼纲 11 目 25 科 63 种、硬骨鱼纲 24 目 152 科 750 种）。已定名昆虫 1 万多种，全国昆虫共 33 目，福建除缺翅目和蛩蠊目外有 31 个目。列入国家Ⅰ级保护的野生动物有 22 种、国家Ⅱ级的保护野生动物有 137 种，列入福建省重点保护的野生动物有 79 种。鸟类中有 85 种是在福建首先发现并命名的，沿海湿地分布有水鸟 12 目 28 科 194 种，约为全国水鸟种数的 71.6%；属于福建特有的有白背啄木鸟、橙背鸦雀、挂墩鸦雀、赤尾噪鹛、黄冠绿啄木鸟、小山蛙等；列入中日候鸟保护协定的鸟类有 205 种，占全部种类的 90.3%；列入中澳候鸟保护协定的鸟类有 70 种，占全部种类的 86.4%。

2. 野生植物资源

全省分布有高等植物 4703 种，约占全国的 14.3%，其中，蕨类 382 种、裸子植物 70 种、被子植物 4251 种；其中兰科植物有 60 属 119 种 6 变种。此外，有苔藓 361 种、真菌 486 种。国家重点保护的野生植物有 52 种，其中，国家Ⅰ级 7 种、国家Ⅱ级 45 种；列入福建省第一批地方重点保护珍贵树木的有 25 种。全省可供开发利用的野生植物达 3000 多种。

福建加大对华南虎、金钱豹、黑脸琵鹭、南方红豆杉、兰科植物等稀缺动植物的保护、拯救力度，在梅花山国家级自然保护区率先启动华南虎繁育与拯救工程，已成功繁育 20 只华南虎；在三明动物园启动金钱豹繁育工程，已成功繁育 6 只金钱豹；在明溪县启动南方红豆杉保护与人工培植利用工程，每年可提供南方红豆杉苗木数百万株。重点对沿海湿地水鸟资源进行调查和监测，基本摸清资源现状及分布，发现黑脸琵鹭在福建有 7 处分布地，其中福宁湾、兴化湾和漳江口为越冬分布区；近年来新增白脸鹭、红脚鲣鸟、蓝脸鲣鸟、黄脚银鸥、遗鸥、白领翡翠、斑头大翠鸟、白腰燕鸥、黑冠鹃等十多种福建新分布鸟类物种记录。全省批建自然保护区 85 处，其中国家级 10 处，省级 22 处，市、县级 53 处，还建有自然保护小区（点）3300 多处，总保护面积达 80 多万公顷，占陆域总面积的 6.8%。批建国家湿地公园 2 处、国际重要湿地 1 处。已建自然保护区保护了全省 90% 以上的珍稀、濒危野生动植物种，70% 以上的典型生态系统，70% 以上的主要江河源头森林植被，25% 的天然湿地，初步形成布局较为合理、类型较为齐全、功能较为完善的自然保护区网络，为野生动植物提供了良好的栖息环境。

七、旅游资源

海峡旅游是福建旅游最突出的主题，"山海一体，闽台同根，民俗奇异，宗教多元"是福建旅游鲜明的特色。福建现有世界文化与自然双遗产武夷山、世界文化遗产福建土楼、世界自然遗产与世界地质公园泰宁，世界地质公园宁德白水洋、太姥山、白云山，以及海上花园温馨厦门、温泉古都有福之州、海上丝路文化泉州、朝圣妈祖平安湄州、成功起点光辉古田、滨海火山日出东山、东海麒麟神奇平潭等独具特色的旅游品牌。

福建文化旅游资源灿烂多元，悠久的历史孕育了闽南文化、客家文化、妈祖文化、闽越文化、朱子文化、海丝文化六大精品文化，以及茶文化等一批内涵深刻、特色鲜明的地域文化。福建宗教多元，佛教、道教、伊斯兰教等遗址广为分布，泉州有"世界宗教博物馆"之称，妈祖、陈靖姑、保生大帝、清水祖师等民间信仰在海峡两岸影响很大。闽剧、莆仙戏、梨园戏、高甲戏、芗剧是福建五大地方剧种。此外还有 20 多种民间小戏分布于全省各地。福建物产丰富，福州的脱胎漆器、寿山石雕、武夷山的大红袍和安溪铁观音等名茶，惠安的影雕，德化的瓷器，漳州的水仙花、中成药片仔癀，古田的食用菌，莆田的荔枝、龙眼等享誉海内外。闽菜是全国八大菜系之一，佛跳墙、鸡汤氽海蚌均为一绝。

第二节　江西省资源环境

一、地理位置

江西地处北纬 24°29′14″~30°04′41″，东经 113°34′36″~118°28′58″，东邻浙江、福建，南连广东，西接湖南，北毗湖北、安徽而共接长江，属于华东地区。江西常态地貌类型以山地、丘陵为主，山地占全省面积的 36%、丘陵占 42%、平原占 12%、水域占 10%。主要山脉多分布于省境边陲，东北部有怀玉山，东部有武夷山，南部有大庾岭和九连山，西部有罗霄山脉，西北部有幕阜山和九岭山。

二、气候条件

江西位于长江以南，纬度较低，属亚热带季风湿润气候，四季分明且天气复杂多变。冬季冷空气活动频繁；春季多对流性天气；4~6 月降水集中，是江西的雨季，这时期易发生洪涝灾害；雨季结束后全省主要受副热带高压控制，天气以晴热高温为主，常有干旱发生；7~8 月有时受台风影响会出现较明显降水；秋季晴天多、湿度较小、气温适中，是江西省一年中最宜人的季节。

江西年平均气温 18.0℃，最冷月 1 月平均气温 6.1℃，最热月 7 月平均气温 28.8℃，极端最低气温为 -18.9℃（1969 年 2 月 6 日出现在彭泽县），极端最高气温为 44.9℃（1953 年 8 月 15

日出现在修水县）；年平均日照时数 1637 小时，年总辐射量 4446.4 兆焦/平方米；年平均降水量 1675 毫米；年无霜期平均天数 272 天。

三、森林资源

江西森林覆盖率在 63.1%，活立木蓄积量 4.45 亿立方米，活立竹总株数 19 亿根，均位居全国前列。全省森林多属天然次生林，针叶林面积比重大，杉木、马尾松、樟树为主要乡土树种；油茶、板栗、柑橘为主要经济林树种。截至 2016 年 9 月，江西有林业自然保护区 186 处，其中，国家级 15 处、省级 31 处；森林公园 180 处，其中，国家级 46 处、省级 121 处；湿地公园 84 处，其中，国家级 28 处、省级 56 处；44 处湿地列入省重要湿地名录。

四、水资源

江西是长江流域的重要省份之一，全省 97.7% 的面积属于长江流域，水资源比较丰富，多年平均降雨量 1638 毫米，多年平均水资源量在 1565 亿立方米。境内河流、湖泊众多，赣江、抚河、信江、修水和饶河为全省五大河流，全境 10 平方千米以上河流有 3700 多条，2 平方千米以上湖泊有 70 余个，人均拥有水量高于全国平均水平。

五、矿产资源

江西地下矿藏丰富，是我国矿产资源配套程度较高的省份之一。储量居全国前三的有铜、钨、银、钽、钪、铀、铷、铯、金，伴生硫、滑石、粉石英、硅灰石等。铜、钨、铀、钽、稀土、金、银被誉为江西的"七朵金花"。江西为环西太平洋成矿带的组成部分。区内地层出露齐全，矿产资源丰富，是中国主要的有色、稀有、稀土矿产基地之一，也是中国矿产资源配套程度较高的省份之一。江西已发现各类固体矿产资源140多种，其中探明工业储量的89种；矿产地700余处，其中大型矿床80余处、中型矿床100余处。

六、动植物资源

1. 生物资源

江西已知野生高等植物5117种，占全国总数的17%，其中，苔藓类563种、蕨类435种、裸子植物31种、被子植物4088种。其中，国家Ⅰ级保护野生植物9种，Ⅱ级保护野生植物46种；省Ⅰ级保护野生植物9种、Ⅱ级39种、Ⅲ级115种；国家珍贵树种26种，约占全国的20%。分布于宜春市的落叶木莲为江西特有树种，是木莲属唯一落叶的植物；东乡县的野生稻为近代水稻始祖，是我国分布最北的野生稻；南昌金荞麦、鄱阳湖莼菜、彭泽中华水韭、宜黄水蕨、赣南野生茶、九江野生莲均为国内珍稀物种；萍乡市的长红檵木母树，树龄300多年，为世界仅存的长红檵木母树。此外，宜丰县的穗花杉群落、铅山县的南方铁杉天然林、德兴市和玉山县的华东黄杉天然林均为国内罕见的珍稀植物群落。

2. 动物资源

江西已知野生脊椎动物845种，占全国野生脊椎动物总种数的13.5%。其中，哺乳类105种，约占全国的21%；鸟类420种，约占全国的34%；爬行类77种，约占全国的20%；两栖类40种，约占全国的14%；鱼类205种，约占全国的5.9%。鄱阳湖是闻名世界的水鸟越冬地，每年到鄱阳湖越冬的候鸟多达60~70万只，其中，国家Ⅰ级保护鸟类10种、Ⅱ级保护鸟类41种，越冬白鹤最高数量达4000余只，占全球的98%以上。鄱阳湖长江江豚约450头，占整个长江江豚种群近一半。

七、旅游资源

江西是"红色摇篮、绿色家园",旅游资源十分丰富。全省现有世界遗产地5处、世界文化与自然双遗产地1处、世界地质公园4处、国际重要湿地1处、国家级风景名胜区14处。主要旅游景区可概括为:"四大名山",即庐山、井冈山、三清山、龙虎山;"四大摇篮",即中国革命的摇篮井冈山、人民军队的摇篮南昌、共和国的摇篮瑞金和工人运动的摇篮安源;"四个千年",即千年瓷都景德镇、千年名楼滕王阁、千年书院白鹿洞、千年古刹东林寺;"六个一",即一湖(鄱阳湖)、一村(婺源)、一海(庐山西海)、一峰(龟峰)、一道(小平小道)、一城(共青城)。经过多年的发展,现有旅游景区(点)2500余处。其中,国家A级旅游景区231处、4A级旅游景区127处、5A级旅游景区10处。当前推向市场的五彩精华旅游线、红色经典旅游线、绿色精粹旅游线、鄱阳湖体原生态旅游线四条黄金旅游线路受到海内外游客的青睐。

第三节　湖北省自然资源

一、地理位置

湖北位于我国中部偏南、长江中游,洞庭湖以北,故名湖北,简称鄂,省会武汉。地跨东经108°21′42″~116°07′50″、北纬29°01′53″~33°6′47″。东邻安徽,南界江西、湖南,西连重庆,西北与陕西接壤,北与河南毗邻。东西长约740千米,南北宽约 470 千米。全省总面积 18.59 万平方千米，占全国总面积的 1.94%。湖北是东、西、北三面环山，中部为"鱼米之乡"的江汉平原。

湖北是承东启西、连南接北的交通枢纽，武汉天河国际机场是中国内陆重要的空港。长江自西向东，横贯全省 1062 千米。长江及其最大支流汉江，润泽楚天，水网纵横，湖泊密布，湖北因此又称"千湖之省"。

二、气候条件

光热水资源充足。湖北属亚热带季风性湿润气候，光照充足、热量丰富、降水充沛、雨热同季。年均日照时数为 1200～2200 小时，无霜期为 230～300 天，年均降水量为 800～1600 毫米。由于南北纬度相差 4 度多，东西跨度较大，加之地貌类型复杂多样，使得湖北气候不仅南北有别、东西迥异，而且兼有北亚热带、中亚热带以及中温带、南温带等多种气候类型，为农业多种经营的全面发展提供了优越条件。

三、森林资源

按中国植被分类原则和系统，湖北省自然植被分为 4 个植被型组：针叶林、阔叶林、灌丛和水生植被；12 个植被型：寒温性针叶林、温性针叶林、暖性针叶林、针阔叶混交林、落叶林、常绿落叶阔叶混交林、常绿阔叶林、竹林、常绿针叶灌丛、常绿革叶灌丛、常绿落叶阔叶灌丛和水生植被；30 个群系组、124 个群系。

四、水资源

湖北水能资源丰富。境内河流众多，共有大小河流 1193 条（不包括长江、汉江），其中河长在 100 千米以上的有 42 条。全省水能资源技术可开发量在 3133.4 万千瓦，已开发和正在开发的装机容量在 2726.8 万千瓦，居全国首位。举世瞩目的三峡水利枢纽工程位于宜昌三斗坪，设计装机容量 1820 万千瓦，是世界上规模最大的水利水电枢纽工程。

湖北境内除长江、汉江干流外，省内各级河流河长在 5 千米以上的有 4228 条，河流总长 5.92 万千米，其中河长在 100 千米以上的河流有 41 条。长江自西向东流贯省内 26 个县市，西起巴东县鳊鱼溪河口入境，东至黄梅滨江出境，流程 1041 千米。境内的长江支流有汉水、沮水、漳水、清江、东荆河、陆水、滠水、倒水、举水、巴水、浠水、富水等。其中汉水为长江中游最大支流，在湖北境内由西北趋东南，流经 13 个县市，由陕西白河县将军河进入湖北郧西县，至武汉汇入长江，流程 858 千米。湖北素有"千湖之省"之称。境内湖泊主要分布在江汉平原上。面积在百亩以上的湖泊 755 个，湖泊总面积 2706.851 平方千米。面积大于 100 平方千米的湖泊有洪湖、长湖、梁子湖、斧头湖。

五、矿产资源

湖北矿产资源丰富。已发现的矿产有 150 种，占全国已发现矿产种类的 81%，其中已探明储量的有 92 种。除煤炭、石油、天然气比较贫乏外，其他矿产储量都比较大，尤其是化工、建材及部分冶金矿产资源丰富。其中化肥用橄榄岩、碘、石榴子石、累托石黏土、建筑用辉绿岩 5 种矿产资源储量居全国首位，铌、泥灰岩、磷等 17 种矿产资源储量居全国二至三位；铁、铜、石膏、金、汞、锰、钒、镍等 35 种矿产资源储量居全国四至十位。主要矿产资源具有品位高、分布相对集中、易于开采等特点。

六、动植物资源

湖北动植物资源种类繁多。全省自然地理条件优越，海拔高低悬殊，树木垂直分布层次分明，优越的森林植被呈现出普遍性与多样化的特点。全省已发现的木本植物有 105 科、370 属、1300 种，其中乔木 425 种、灌木 760 种、木质藤本 115 种。这在全球同一纬度所占比重是最大的。全省不仅树种较多，而且起源古老，迄今仍保存有不少珍贵、稀有孑遗植物。除有国家Ⅰ级保护树种水杉、珙桐、秃杉外，还有国家Ⅱ级保护树种香果树、水青树、连香树、银杏、杜仲、金钱松、鹅掌楸等 20 种和国家Ⅲ级保护树种秦岭冷杉、垂枝云杉、穗花杉、金钱槭、领春木、红豆树、厚朴等 21 种。藤本植物种类多而分布广、价值较高的有爬藤榕、苦皮藤、中华猕猴桃、葛藤、括娄等十多种。全省的草本植物有 2500 种以上，其中已被人们采制供作药材的有 500 种以上。

湖北在动物地理区划系统中属东泽界、华中区，有陆生脊椎动物 687 种，其中两栖类 48 种、鸟类 456 种、爬行类 62 种、兽类 121 种。全省被列为重点保护的野生动物有 112 种。其中，属Ⅰ类保护的有金丝猴、白鹳等 23 种；属Ⅱ类保护的有江豚、猕猴、金猫、小天鹅、大鲵等 89 种。全省共有鱼类 206 种，其中以鲤科鱼类为主，占 58% 以上，其次为鳅科，占 8% 左右。全省鱼苗资源丰富，长江干流主要产卵场 36 处，其中半数以上在湖北境内。

湖北植被既具南北过渡特征，同时又处在中国东西植物区系的过渡地区，是中国生物资源较丰富的省份之一。全省植物资源有 3800 余种，其中许多属世界稀有或中国特有的珍稀品种，如 1 亿多年前遗留下来的活化石——水杉，中国特有的鸽子树——珙桐，名贵绿化树——白皮松，稀有名贵药材——文王一支笔、江边一碗水、七叶一枝花、小丛红景天、飞龙掌血等。土特产品多，鄂西的坝漆、房县的木耳、咸宁的桂花、罗田的板栗、秭归的脐橙等在国内外市场上享有较高的声誉。

七、旅游资源

旅游资源丰富。湖北山川秀美，文化底蕴深厚，自然风景和名胜古迹众多，境内驰名世界的自然风景名胜有雄伟壮丽的长江三峡、古奥莫测的原始森林神农架、被联合国教科文组织列入"世界文化与自然遗产名录"的武当山及明显陵。有世界文化遗产2处、联合国人与生物保护区网成员1家；国家级风景名胜区7处、国家4A级风景区44处、国家级森林公园22处、国家级地质公园4处、国家级自然保护区8处，国家历史文化名城5座、国家级文物保护单位89处、楚城遗址5座、楚文化遗址73处、三国古战场遗址及陈迹140多处。湖北还是炎帝神农、华夏始母嫘祖、医圣李时珍、活字印刷术的发明者毕昇、爱国诗人屈原和民族友好使者王昭君的故里。大自然的沧桑变化、鬼斧神工，加上数百万年来人类的嵌珠砌玉、涂红抹彩以及荆楚文化的源远流长，湖北境内自然景观和历史遗存比比皆是，颇具特色。

第四节　陕西省资源环境

一、地理位置

陕西简称陕或秦，位于我国内陆腹地，地处东经105°29′~111°15′、北纬31°42′~39°35′。东邻山西、河南，西连宁夏、甘肃，南抵四川、重庆、湖北，北接内蒙古，居于连接中国东部、中部地区和西北、西南的重要位置。中国大地原点在陕西省泾阳县永乐镇。全省总面积为20.58万平方千米。

陕西地域狭长，地势南北高、中间低，有高原、山地、平原和盆地等多种地形。南北长约 870 千米，东西宽 200~500 千米。从北到南可以分为陕北高原、关中平原、秦巴山地三个地貌区。其中，高原面积 926 万公顷，山地面积 741 万公顷，平原面积 391 万公顷。主要山脉有秦岭、大巴山等。秦岭在陕西境内有许多闻名全国的峰岭，如华山、太白山、终南山、骊山。

作为中国南北气候分界线的秦岭山脉横贯全省东西。秦岭以北为黄河水系，主要支流从北向南有窟野河、无定河、延河、洛河、泾河（渭河支流）、渭河等。秦岭以南属长江水系，有嘉陵江、汉江和丹江。

二、气候条件

陕西横跨三个气候带，南北气候差异较大。陕南属北亚热带气候，关中及陕北大部属暖温带气候，陕北北部长城沿线属中温带气候。其总特点是：春暖干燥，降水较少，气温回升快而不稳定，多风沙天气；夏季炎热多雨，间有伏旱；秋季凉爽较湿润，气温下降快；冬季寒冷干燥，气温低，雨雪稀少。全省年平均气温 13.7℃，自南向北、自东向西递减：陕北 7~12℃，关中 12~14℃，陕南 14~16℃。1 月平均气温 -11~3.5℃，7 月平均气温 21~28℃，无霜期 160~250 天，极端最低气温 -32.7℃，极端最高气温 42.8℃。年平均降水量 340~1240 毫米。降水南多北少，陕南为湿润区，关中为半湿润区，陕北为半干旱区。

三、森林资源

陕西是全国林业建设重点省份。经过多年的建设与保护，绿色向北推进 400 多千米，三秦大地实现了由黄到绿的历史性转变。全省林地面积 1.85 亿亩，占土地总面积的 60% 以上。森林面积 1.33 亿亩、森林覆盖率 43.06%。活立木蓄积量 5.1 亿立方米。自然保护区 52 个，总面积 1654 万亩，占全省面积的 5.3%。国家湿地公园（试点）43 个、森林公园 91 处。全省陆栖脊椎动物 700 多种，植物 4000 多种，其中，大熊猫、朱鹮、麝、华北豹、珙桐、红豆杉等国家 I 级、II 级保护动植物 130 余种。野外大熊猫种群数量达到 345 只，朱鹮种群数量从最初的 7 只发展到 2600 多只，被国际鸟类保护联盟誉为"世界拯救濒危物种的成功典范"。古树名木近 73 万株，占全国的 1/4。成功繁育出 5000 年前的黄帝手植柏、2600 年前的老子手植银杏等珍稀古树的实生苗和克隆苗，开创了我国古树扩繁保护的新路径。全省木本油料林近 2000 万亩，油用牡丹、核桃面积居全国第二，花椒产量居全国第一，林麝养殖数量和麝香产量占到全国的 70%，全省林业产业总产值达 1213 亿元。

四、水资源

陕西横跨黄河、长江两大流域，全省平均年降水量 702.1 毫米，水资源总量 416.49 亿立方米。全省最大年水资源量可达 847 亿立方米，最小年只有 168 亿立方米，丰枯比在 3.0 以上。水资源时空分布严重不均，时间分布上，全省年降雨量的 60%～70% 集中在 7～10 月，往往造成汛期洪水成灾，春夏两季旱情多发；在地域分布上，秦岭以南的长江流域，面积占全省的 36.7%，水资源量占全省总量的 71%；秦岭以北的黄河流域，面积占全省的 63.3%，水资源量仅占全省的 29%。

五、矿产资源

陕西地质成矿条件优越，陕北蕴藏优质煤、石油、天然气等矿产；关中有煤、钼、非金属建材、地热等矿产；陕南出产有色金属、贵金属、黑色金属及各类非金属矿产。全省已发现各类矿产 138 种（含亚矿种），已查明有资源储量的矿产 94 种。在占国民经济重要价值的 15 种重要矿产中，全省盐矿保有储量 8855.3 吨，占全国的 67%，排全国第一。石油排全国第三，其他矿种排第 10～19。这些矿产中，石油、天然气、钼、金、石灰岩不仅储量可观，而且品级、质量较好，在国内市场有明显优势。探明储量居全国第一的有锶、铼、不泥灰岩等 9 种，居第二和第三的有汞、钼、天然气、煤等 18 种。全部矿产潜在经济价值超过 8.24 万亿元，居全国第四。

六、动植物资源

1. 植物资源

陕西生态条件多样，植物资源丰富，种类繁多。据全国第六次森林资源连续清查成果数据，陕西现有林地 670.39 万公顷，森林覆盖率在 32.6%；天然林 467.59 万公顷，主要分布在秦巴山区、关山、黄龙山和桥山。野生植物资源中有 37 种属于国家规定保护的珍稀植物：其中属于 Ⅱ 类保护植物的有连香树、星叶草、光叶珙桐、翅果油树、香果树、杜仲、独叶草、太白红杉、鹅掌楸、窄叶瓶儿小草、大果青杵、山白树和水青树 13 种。Ⅲ 类保护植物有秦岭冷杉、庙台戚、沙冬青、羽叶丁香、天麻、桃儿七、紫斑牡丹等 24 种。这些植物中有些孑遗种，如独叶草、水青树、沙冬青等，对于研究植物的系统演化、植物区系、古地理和古气候都具有重要的科学价值。秦岭巴山素有"生物基因库"之称，有野生种子植物 3300 余种，约占全国的 10%。珍稀植物 30 种，药用植物近 800 种。中华猕猴桃、沙棘、绞股蓝、富硒茶等资源极具开发价值。生漆产量和质量居全国之冠。红枣、核桃、桐油是传统的出口产品，药用植物天麻、杜仲、苦杏仁、甘草等在全国具有重要地位。省内草原属温带草原，主要分布在陕北，类型复杂，是发展畜牧业的良好条件。

2. 动物资源

陕西省在动物地理上横跨古北与东洋两大界，动物种类比较丰富。陕西境内已知有野生脊椎动物共计813种，占全国脊椎动物总数的15.5%。其中，鱼类132种、两栖类28种、爬行类49种、鸟类430余种、哺乳类149种，分别占全国该类总种数的4.7%、12.7%、12.9%、34.2%和29.3%。

陕西省拥有较多的珍稀濒危保护动物，是全国珍稀濒危野生动物分布的重要省份之一。以大熊猫、羚牛、金丝猴和朱鹮四大国宝为代表的国家重点保护动物共计81种。其中，国家Ⅰ级保护野生动物17种、Ⅱ级保护野生动物64种；陕西省重点保护野生动物47种。

国家Ⅰ级重点保护动物17种，有大熊猫、金丝猴、天鹅、云豹、豹、羚牛、林麝、白鹳、黑鹳、朱鹮、中华秋沙鸭、金雕、白肩雕、褐马鸡、丹顶鹤、大鸨、遗鸥。

国家Ⅱ级重点保护动物64种，有中华虎凤蝶、三尾凤蝶、秦岭细鳞鲑、川陕哲罗鲑、水獭、大鲵、山瑞鳖、斑嘴鹈鹕、鸳鸯、蜂鹰、毛脚鵟、猎隼、血雉、灰鹤、领鸺、小熊猫、荒漠猫、黄羊等。

七、旅游资源

陕西有悠久的历史、璀璨的文化、多样的自然环境，聚集了得天独厚的旅游资源。陕西是中华民族和华夏文化的重要发祥地之一，先后有周、秦、汉、唐等十多个王朝在此建都。全省现有各类文物点49058处、博物馆253座、馆藏各类文物1869283件（组）。其中有72座古代帝王陵墓，包括佛教名刹法门寺、道教圣地楼观台、唐僧玄奘翻译佛经和讲授经典的大慈恩寺，还有中国现存规模最大、保存最完整的古代城垣——西安城墙等。

陕西山川秀丽，景色壮观。境内有以险峻著称的西岳华山，有气势恢宏的黄河壶口瀑布；有古朴浑厚的黄土高原，有一望无际的八百里秦川，有婀娜清秀的陕南秦巴山地，有充满传奇色彩的骊山风景区，还有六月积雪的秦岭主峰——太白山等。

中国共产党领导的以延安为中心的伟大革命史，给陕西留下了珍贵的红色文化旅游资源，如延安宝塔山、陕甘宁革命根据地照金纪念馆等。

陕西民风古朴，陕北的黄土风情、西安一带的关中文化和陕南风俗各具特色。有安塞腰鼓、陕北秧歌、户县农民画、西府民间工艺、华阴老腔、蒲城焰火、民间剪纸等。

第五节　甘肃省资源环境

一、地理位置

甘肃位于祖国地理中心，位于西部地区，地处黄河中上游，地域辽阔。介于北纬32°11′~42°57′、东经92°13′~108°46′，东接陕西，南邻四川，西连青海、新疆，北靠内蒙古、宁夏并与蒙古人民共和国接壤。地貌复杂多样，山地、高原、平川、河谷、沙漠、戈壁，类型齐全，交错分布，地势自西南向东北倾斜。地形呈狭长状，东西长1655千米，南北宽530千米，纵横45.37万平方千米，占中国总面积的4.72%。复杂的地貌形态大致可分为各具特色的六大地形区域。

二、气候条件

甘肃各地气候类型多样，从南向北包括了亚热带季风气候、温带季风气候、温带大陆性（干旱）气候和高原高寒气候四大气候类型。年平均气温0~15℃，大部分地区气候干燥，年平均降水量在 40～750 毫米，干旱、半干旱区占总面积的 75%。主要气象灾害有干旱、暴雨洪涝、冰雹、大风、沙尘暴和霜冻等。

三、森林资源

甘肃"少林"，据第七次甘肃省森林资源清查，全省林地面积 1042.65 万公顷，全省森林面积 507.45 万公顷，森林覆盖率 11.28%；全省活立木总蓄积 24054.88 万立方米，森林蓄积 21453.97 万立方米。森林主要树种有冷杉、云杉、栎类、杨类以及华山松、桦类等。在全省活立木蓄积资源中，冷杉占 52.9%，云杉占 11.7%，栎类占 26.9%，杨类、华山松、桦类只占 8.5%。甘肃主要林区分布在白龙江、洮河、小陇山、祁连山、子午岭、康南、关山、大夏河、西秦岭、马山等处。

四、水资源

甘肃水资源主要分属黄河、长江、内陆河 3 个流域、9 个水系。黄河流域有洮河、湟水、黄河干流（包括大夏河、庄浪河、祖厉河及其他直接入黄河干流的小支流）、渭河、泾河 5 个水系，长江流域有嘉陵江水系，内陆河流域有石羊河、黑河、疏勒河（含苏干湖水系）3 个水系。河 3 个水系 15 条；年总地表径流量 174.5 亿立方米，流域面积 27 万平方千米。全省自产地表水资源量 286.2 亿立方米，纯地下水 8.7 亿立方米，自产水资源总量约 294.9 亿立方米，人均 1150 立方米。全省河流年总径流量 415.8 亿立方米，其中，1 亿立方米以上的河流有 78 条。黄河流域除黄河干流纵贯省境中部外，支流就有 36 条。该流域面积大、水利条件优越。但流域内绝大部分地区为黄土覆盖，植被稀疏，水土流失严重，河流含沙量大。长江水系包括省境东南部嘉陵江上源支流的白龙江和西汉水，水源充足，年内变化稳定，冬季不封冻，河道坡降大且多峡谷，蕴藏有丰富的水能资源。水力资源理论蕴藏量为 1724.15 万千瓦，居全国第十，可利用开发容量 1068.89 万千瓦，年发电量为 492.98 亿度，水力发电量居全国第四。

五、矿产资源

甘肃是矿产资源比较丰富的省份之一，矿业开发已成为甘肃的重要经济支柱。境内成矿地质条件优越，矿产资源较为丰富。截至 2015 年底全省已发现各类矿产 119 种（计算到亚矿种则为 180 种），其中，已查明资源储量的 77 种（计算到亚种则为 114 种）。列入《甘肃省矿产资源储量表》98 种、矿产地 1370 处（含共伴生矿产），其中，大型规模矿床 117 个、中型 213 个、小型 1040 个。在已查明的矿产中，甘肃资源储量名列全国第一的有镍、钴、铂族金属等 10 种，位居前五的有 38 种、居前十的有 71 种。有亚洲最大的金矿——甘肃阳山金矿，累计探获黄金资源量 308 吨，是亚洲最大类卡林型金矿。据估算，阳山金矿已探明的黄金资源量潜在经济价值达 500 亿元。

六、动植物资源

1. 植物资源

野生植物种类繁多，分布广泛。主要资源有 7 大类：油料植物有 100 多种，如文冠果（木瓜）、苍耳、沙蒿、水柏、野核桃、油桐等；纤维和造纸原料植物约近百种，如罗布麻、浪麻、龙须草、马莲、芨芨草等；淀粉及酿造类植物有 20 多种，如橡子、沙枣、蕨根、魔芋、沙米、土茯苓等；野生化工原料及栓皮类有 20 多种，如栓皮栎、五倍子、槐等；野生果类 100 多种，如中华猕猴桃、樱桃、山葡萄、枇杷、板栗、沙棘等；野生药材 951 种，有大黄、当归、甘草、红黄芪、锁阳、肉苁蓉、天麻等；特种食用植物十多种，其中比较名贵的野生植物有发菜、蕨菜、木耳、蕨麻、黄花菜、地软、羊肚、蘑菇、鹿角菜等。甘肃是全国药材主要产区之一，现有药材品种 9500 多种，居全国第二。主要经营的药材有 450 种，如当归、大黄、党参、甘草、红芪、黄芪、冬虫草等，特别是岷当、纹党产量大、质量好，是闻名中外的出口药材。

2. 动物资源

甘肃养殖的牲畜主要有马、驴、骡、牛、羊、骆驼等。甘肃养马历史悠久，远在公元前 100 多年的汉武帝时期，西北边境设有官马场 36 处。民间养马亦较繁盛。自汉至今，一直是我国养马业的重地。新中国成立后，还先后引进和改良了阿尔登马、卡拉巴依马等品种，养马、养驴、养牛等得到了发展。禽种中除对静宁鸡、太平鸡、临洮鸡等品种杂交改良外，现主要有来航鸡、澳洲黑、芦花洛克、洛岛红、科尼什、新汉、狼山鸡等优良品种。水禽有北京鸭、麻鸭、中国白鹅、灰鹅和狮头鹅等品种。

甘肃境内共有野生动物 650 多种，其中，两栖动物 24 种、爬行动物 57 种、鸟类 441 种、哺乳动物 137 种。这些野生动物主要分布在陇南市的文县、武都、康县、成县、两当等地。文县让水河、丹堡一带已列为全国第 13 号自然保护区，出产大熊猫、金丝猴、麝、猞猁等世界珍贵动物，并对梅花鹿、马鹿、麝进行人工饲养。在野生动物中，属于国家保护的稀有珍贵动物有 90 多种，其中，属 I 类保护的 24 种，属 II 类保护的 24 种，属 III 类保护的 4011 种。

七、旅游资源

甘肃是华夏文明的重要发源地，历史文化资源非常丰厚，在全国屈指可数，在全球影响巨大。按照联合国《世界遗产公约》和国家《旅游资源分类调查与评价》标准，甘肃的历史遗产、经典文化、民族民俗文化、旅游观光文化四类资源丰度列全国第五。2013 年 2 月 19 日，国务院正式批复甘肃省为全国华夏文明传承创新区。敦煌学是国际上的显学，有上万人在研究。敦煌莫高窟、万里长城—嘉峪关（部分）、麦积山石窟、炳灵寺石窟、锁阳城遗址、悬泉置遗址、玉门关遗址 7 处被列为世界文化遗产，甘肃花儿、甘南藏戏（部分）被列为世界非物质文化遗产。甘肃是漫长的丝绸之路历史序列最为完整、遗存比较丰富的路段，也是中国华夏文明、游牧文化外来文化交流融合特征最为明显、风格最为独特的核心区段，有"世界历史的主轴，世界文化的大运河"之美誉。敦煌莫高窟、天水麦积山石窟、天下雄关嘉峪关、道教名山崆峒山、夏河拉卜楞寺等堪称民族和世界文化的瑰宝。"丝绸之路三千里，华夏文明八千年"是甘肃历史悠久、文化厚重的生动写照，也是对甘肃历史文化地位和特色的最好诠释。甘肃文化总体以丝路文化为主，从旅游角度看，具体可概括为敦煌文化、长城文化、佛教文化、黄河文化、始祖文化、中医药养生文化、民族文化、民俗文化、红色文化 9 类。

甘肃地域狭长，地处黄土高原、内蒙古高原和青藏高原三大高原与秦岭山脉交汇地带，地跨长江、黄河两大流域，汇聚着大漠戈壁、森林草原、冰川雪峰、砂林丹霞、峡谷溶洞等多种自然风光。东南部峰峦叠翠，竹秀花奇，幽谷密布，瀑布飞溅；中东部黄土深厚，千沟万壑，雄浑壮观；西南部草原宽广，牧草丰茂，牛羊肥壮；河西走廊地势平坦，是著名的戈壁绿洲，有世界上规模最大的雅丹地貌群和沙漠奇观鸣沙山月牙泉，风景壮美神奇；祁连山脉长达千余千米，山顶白雪皑皑，山腰森林茂密，山下绿草如茵，繁花似锦。多种地貌类型使甘肃的山水风光旅游具有选择的多样性。

第六节　新疆维吾尔自治区资源环境

一、地理位置

新疆简称新，位于亚欧大陆中部，地处祖国西北边陲，总面积 166 万平方千米，约占全国陆地总面积的 1/6；国内与西藏、青海、甘肃等省区相邻，周边依次与蒙古国、俄罗斯、哈萨克斯坦、吉尔吉斯斯坦、塔吉克斯坦、阿富汗、巴基斯坦、印度 8 个国家接壤；陆地边境线有 5600 多千米，约占全国陆地边境线的 1/4，是中国陆地面积最大、交界邻国最多、陆地边境线最长的省级行政区。

在历史上是古丝绸之路的重要通道，现在是第二座亚欧大陆桥的必经之地，战略位置十分重要。新疆现有 47 个民族成分，主要居住有维吾尔、汉、哈萨克、回、蒙古、柯尔克孜、锡伯、塔吉克、乌兹别克、满、达斡尔、塔塔尔、俄罗斯等民族，是中国五个少数民族自治区之一。新疆自汉朝以来就是中国不可分割的一部分，是中国神圣领土的一部分。

新疆的地貌可以概括为"三山夹两盆"：北面是阿尔泰山，南面是昆仑山，天山横贯中部，把新疆分为南北两部分，习惯上称天山以南为南疆，天山以北为北疆。南疆的塔里木盆地面积 52.34 万平方千米，是中国最大的内陆盆地。位于塔里木盆地中部的塔克拉玛干沙漠，面积约 33 万平方千米，是中国最大、世界第二大流动沙漠。贯穿塔里木盆地的塔里木河全长 2486 千米，是中国最长的内陆河。北疆的准噶尔盆地面积约 38 万平方千米，是中国第二大盆地。准噶尔盆地中部的古尔班通古特沙漠面积约4.88万平方千米，是中国第二大沙漠。在天山东部和西部，还有被称为"火洲"的吐鲁番盆地和被誉为"塞外江南"的伊犁谷地。位于吐鲁番盆地的艾丁湖，低于海平面154.31米，是中国陆地最低点。新疆水域面积5500平方千米，其中博斯腾湖水域面积992平方千米，是中国最大的内陆淡水湖。片片绿洲分布于盆地边缘和干旱河谷平原区，现有绿洲面积14.3万平方千米，占国土总面积的8.7%，其中天然绿洲面积8.1万平方千米，占绿洲总面积的56.6%。

二、气候条件

新疆属于典型的温带大陆性干旱气候，降水稀少、蒸发强烈，年均降水量在154.8毫米。境内山脉融雪形成大小河流570多条。冰川储量2.13万亿立方米，占全国的42.7%，有"固体水库"之称。水资源总量在832亿立方米，居全国前列，但单位面积产水量仅为全国平均的1/6。水资源时空分布极不均衡，资源性缺水和工程性缺水并存。新疆土地资源丰富，全区农林牧可直接利用土地面积10亿亩，占全国农林牧宜用土地面积的1/10以上。现有耕地7761万亩，人均占有耕地3.23亩，为全国平均水平的2.12倍；天然草原面积8.6亿亩，可利用草原面积7.2亿亩，天然草原面积占全区面积的34.4%，是全国五大牧区之一。全区拥有国家级自然保护区13个、自治区级自然保护区16个，保护区总面积约为1963.75万公顷，占全区面积的11.82%。全区城市空气质量优良天数占全年的67%，首府乌鲁木齐空气质量优良天数占全年的67.2%。新疆全年日照时间平均在2600~3400小时，居全国第二，为特色优势农产品种植提供了良好的自然条件。

三、森林资源

新疆活立木总蓄积量3.1亿立方米，森林面积197.8万公顷，森林蓄积量 2.8 亿立方米，森林覆盖率为 1.92%。其中，天山、阿尔泰山区覆盖的原始森林多为西伯利亚落叶松、雪岭云杉和针叶柏等高大乔木，塔里木河、玛纳斯河流域生长着世界著名的胡杨和灰杨，准噶尔盆地边缘散布的梭梭林和塔里木盆地周边的红柳是防风固沙的主要植被。人工造林的树种主要有白杨、榆树、白蜡、槭树、槐树、白桦、沙枣、桑树及各种果树。

四、水资源

新疆三大山脉的积雪、冰川孕育汇集为 500 多条河流，分布于天山南北的盆地，其中较大的有塔里木河（中国最大的内陆河）、伊犁河、额尔齐斯河（流入北冰洋）、玛纳斯河、乌伦古河、开都河等 20 多条。许多河流的两岸都有无数的绿洲，颇富"十里桃花万杨柳"的塞外风光。新疆有许多自然景观优美的湖泊，总面积达 9700 平方千米，占全疆总面积的 0.6% 以上，其中著名的十大湖泊是博斯腾湖、艾比湖、布伦托海、阿雅格库里湖、赛里木湖、阿其格库勒湖、鲸鱼湖、吉力湖、阿克萨依湖、艾西曼湖。

新疆境内形成了独具特色的大冰川，共计 1.86 万余条，总面积 2.4 万多平方千米，占全国冰川面积的 42%，冰储量 2.58 亿立方米，是新疆的天然"固体水库"。新疆的水资源极为丰富，人均占有量居全国前列。大沙漠占全国沙漠面积的 2/3，其中塔里木盆地中的塔克拉玛干沙漠的面积为 33.67 万平方千米，是中国最大的沙漠，为世界第二大流动沙漠，仅次于阿拉伯半岛上的鲁卜哈利沙漠。准噶尔盆地的古尔班通古特沙漠，面积 48000 平方千米，为中国第二大沙漠。

五、矿产资源

新疆矿产种类全、储量大、开发前景广阔。截至 2016 年底，发现的矿产有 142 种，占全国已发现矿种的 82.56%；查明有资源储量的矿种有 98 种，储量居全国首位的有 13 种，居前五的有 55 种，居前十的有 77 种；原油探明储量 57.38 亿吨、天然气探明储量 2.47 万亿立方米、煤炭探明储量 3915.27 亿吨。据全国第二次油气资源评价，新疆石油预测资源量 230 亿吨，占全国陆上石油资源量的 30%；天然气预测资源量 16 万亿立方米，占全国陆上天然气资源量的 34%。煤炭预测储量 2.19 万亿吨，占全国预测储量的 40%。铁、铜、金、铬、镍、稀有金属、盐类矿产、建材非金属等蕴藏丰富。

六、动植物资源

1. 森林资源

新疆为中国西部干旱地区主要的天然林区，森林广布于山区、平原，面积占西北地区森林总面积的近 1/3。天山和阿尔泰山区覆盖着葱郁的原始森林，多为主干挺直的西伯利亚落叶松和雪岭云杉、针叶柏等建筑良材。这些山地针叶林的木材蓄积量占全疆木材总蓄积量的 97% 以上。塔里木河、玛纳斯河等河流两岸，是平原阔叶林的分布地区。在塔里木河流域，丛生着世界著名的珍贵树种胡杨林和灰杨林，它们既是用途广泛的用材林，也是大漠深处的防风林。新疆主要造林树种有白杨、柳树、榆树、白蜡、槭树、槐树、白松、沙枣、桑树和各种果树等 60 多种，多数为新疆乡土树种，也有少数是从内地或国外引进的优良枝种。新疆城乡开展了绿化造林运动，一排排一片片的防护林、经济林、薪炭林，纵横交叠，绿波森森，为古老城镇、亘古荒原平添新装。已全面完成被世界誉为绿色长城的三北防护林一期、二期工程建设任务。全疆城市绿化覆盖率达到 24%，有 9 个城市达到建设部规定的城市绿化标准。野生植物达 4000 余种，麻黄、罗布麻、甘草、贝母、党参、肉苁蓉、雪莲、枸杞等分布广泛，品质优良。

2. 生物资源

新疆生物资源种类繁多、品种独特。野生动物丰富，北疆和南疆各有不同的野生动物。全省野生动物共 500 多种，北疆的兽类有雪豹、紫貂、棕熊、河狸、水獭、旱獭、松鼠、雪兔、北山羊、猞猁等，鸟类有天鹅、雷鸟、雪鸡、啄木鸟等，爬行类有花蛇、草原蝰、游蛇等。南疆的兽类有骆驼、藏羚羊、野牦牛、野马、塔里木兔、鼠兔、高原兔、丛林猫、草原斑猫等，爬行类有沙蟒、蜥蜴等。野生脊椎动物近 700 余种，占全国的 11%。有国家重点保护动物 116 种，约占全国的 1/3，其中包括蒙古野马、藏野驴、藏羚羊、雪豹等国际濒危野生动物。

七、旅游资源

新疆地域辽阔，自然景观神奇独特，著名的景区有高山湖泊——天山天池、人间仙境——喀纳斯、绿色长廊——吐鲁番葡萄沟、空中草原——那拉提、地质奇观——可可托海以及喀什泽普金胡杨景区、乌鲁木齐天山大峡谷等。在 5000 多千米古"丝绸之路"的南、北、中三条干线上，分布着为数众多的古文化遗址、古墓葬、石窟寺等人文景观，其中交河故城、楼兰古城遗址、克孜尔千佛洞等蜚声中外。截至 2016 年末，共有世界遗产 2 项、世界遗产地 10 处、国家级生态旅游示范区 2 个；国家级风景名胜区 6 个、自治区级风景名胜区 19 个。国家 3A 级以上旅游景区 199 个，其中 5A 级景区 12 个，5A 级景区数量位居西北省区第一。新疆民族风情浓郁，各民族在文化艺术、体育、服饰、居住、饮食习俗等方面各具特色。新疆素有"歌舞之乡"的美称，维吾尔族赛乃姆、纳孜库姆，哈萨克族卡拉角勒哈，蒙古族沙吾尔登，塔吉克族鹰舞等民族舞蹈绚丽多姿。

第四章　闽新轴带发展不平衡分析

第一节　闽新轴带经济发展不平衡

党的十九大报告指出，我国的社会主要矛盾已经转变为人民日益增长的美好生活需要和不平衡不充分发展之间的矛盾。区域经济差异作为一种非均衡发展的地理现象，影响着区域间的经济增长和协同发展，区域发展不平衡仍是当今世界经济发展过程中的普遍性问题。经济新常态下，经济发展融合逐步成为中国经济发展的新趋势，轴带经济的发展显得尤为典型，闽新轴带作为我国东南海疆门户（福建）与西北陆疆门户（新疆）的联通带，横跨中国东中西三大地带的长轴型经济系统，加强对闽新轴带沿线区域经济发展的研究，有利于了解区域经济发展的背景、识别区域经济发展所处的阶段，并为分析整个区域经济空间结构的演变提供一定的基础研究。本章基于 Mann – Kendall 法对 1996 年以来闽新轴带沿线区域经济进行突变点分析，结合传统数理分析及空间分析方法借助 ArcGIS、GeoDA 等软件，以人均 GDP 作为测度指标，对闽新轴带沿线区域经济差异的时空演变进行多视角的探讨，并通过地理加权回归模型分析出区域发展不平衡的驱动因素所在。

一、闽新轴带经济发展的总体进程

1996 年以来，闽新轴带的地区生产总值由 9233 亿元快速增长到 2015 年的 106390.77 亿元，年均增长率达 14.08%，表明闽新轴带的整体经济得到了高速显著的提高；从人均地区生产总值上看，2015 年，闽新轴带的人均 GDP 达到了 46421.45 元，与 1996 年整个轴带的人均 GDP 水平 4422.34 元相比，2015 年是 1996 年的 10 倍之多，年均增长率为 13.5%，这与我国经济发展呈显著相关性，区域经济发展维持了相对平稳的增长态势。分六大省域来看，通过图 4-1 可知，六省的人均地区生产总值曲线走势基本一致，六省与闽新轴带的经济发展呈显著相关性，整个轴带的人均 GDP 为显著的上升趋势，上升的速度不断加快。福建省作为我国东部地区的省份，受益于东部地区优先发展战略，从 1996 年以来的 20 年的人均 GDP 远高于其他省份，且与其他省份人均 GDP 的差距呈逐渐拉大的趋势，是整个轴带上经济最为发达的地区。甘肃省的人均 GDP 一直处于最低值，是闽新轴带上经济发展的"低洼地带"，是经济最值得重视发展的区域。江西省的人均 GDP 也处于较低水平，但与其他地区的经济差距呈不断缩小的趋势，说明江西省作为国家中部崛起战略的主要成员之一，借助得天独厚的先天条件，近年来的经济发展也是稳中求进，保持较高的增长速度。新疆维吾尔自治区在整个轴带中的经济发展地位有所下降，1996～2008 年的人均 GDP 高于整个轴带的平均水平，处于经济发展的第二位，而 2008 年之后就被湖北省和陕西省反超，人均 GDP 水平低于整个轴带的平均水平。陕西省近年的人均 GDP 增长速度较快，1996～2000 年仅高于甘肃省，到 2000 年超过江西省，再到 2008 年超过新疆维吾尔自治区，跻身于前三，2012～2014 年几乎与排名第二的湖北省持平，可见陕西省的经济发展水平在不断增长，取得了巨大的进步。湖北省的人均 GDP 仅在 2001～2008 年低于福建省和新疆维吾尔自治区，2008 年之后一直位于第二，经济发展势头快，经济发展水平不断提高。

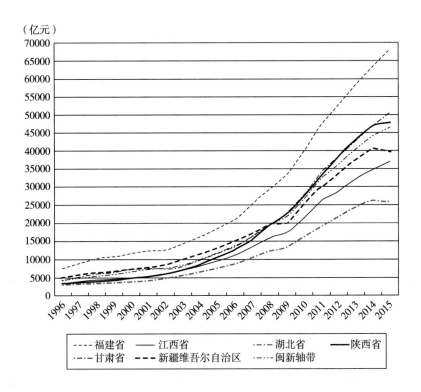

图 4 - 1　1996～2015 年闽新轴带及六大省域人均 GDP

二、闽新轴带经济发展不平衡时间演变分析

1996 年以来，虽然闽新轴带的整体经济在显著地提升，但从轴带沿线各个区域的经济发展条件和自然环境方面进行比较，无论是区位条件、资源禀赋、政策因素、历史基础都存在较大的差

别，即整个轴带经济存在发展不平衡问题，本节以市域为基本研究单位来分析闽新轴带 1996~2015 年的 74 个地域单元的区域经济差异随时间变化的大小，主要选取人均 GDP 作为研究测算的指标计算出相应的标准差和标准差系数（变异系数），并分析江西省 1996~2015 年这一时间段各区域的绝对差异和相对差异。

（一）研究方法

区域经济差距可以分为绝对差距和相对差距，本节使用标准差指数和变异系数从绝对和相对意义上测出区域间的经济差距。标准差指数（S）及变异系数（V）的测算方法如下：

$$S = \sqrt{\frac{\sum_{i=1}^{N}(y_i - \bar{y})^2}{N}} \qquad (4-1)$$

$$V = S/\bar{y} \qquad (4-2)$$

式中：y_i 为第 i 个区域的人均 GDP；N 为区域个数；$\bar{y}$ 为整个区域 GDP 的人均值；S 值越大，说明所选样本的数据越分散，进而表示区域之间的绝对差距越大；V 值越大，表明区域的相对差距越大，经济差异越明显。

（二）研究结果

根据表 4-1 可知，闽新轴带沿线包含的 74 个地级市的人均 GDP 平均值由 1996 年的 27987 元增长到了 2015 年的 46810 元，2015 年是 1996 年的 1.3 倍，说明这 20 年来，闽新轴带的经济发展速度比较快，处于正在快速稳定发展的趋势中；此外，人均 GDP 的极差和标准差也呈现出逐年增长的趋势。

表 4-1　2010~2015 年闽新轴带 74 个地级市人均 GDP 变化情况

年份	极大值	极小值	平均值	极差	标准差	变异系数
1996	29085	1098	5418	27987	4478.5	0.826569
1997	37576	1127	6016	36449	5648.8	0.938959
1998	36738	1225	6376	35513	5824.8	0.913542

年份	极大值	极小值	平均值	极差	标准差	变异系数
1999	38371	1373	6571	36998	6104.8	0.929038
2000	50158	1435	7195	48723	7299.9	1.014564
2001	58935	1612	7929	57323	8308.1	1.047770
2002	47271	1760	8450	45511	7658.8	0.906299
2003	70676	1892	9648	68784	9234.0	0.957084
2004	66674	2126	11136	64548	9424.9	0.846290
2005	88562	2396	13259	86166	12275.8	0.925805
2006	96006	2767	15390	93239	13674.6	0.888492
2007	98938	3405	18106	95533	14900.8	0.822978
2008	100216	3602	21740	96614	16250.5	0.747484
2009	87000	4491	24803	82509	16669.5	0.672065
2010	121387	5181	28820	116206	20035.2	0.695175
2011	129105	6172	34710	122933	22409.1	0.645608
2012	135018	7015	38713	128003	23726.3	0.612869
2013	149127	8025	44071	141102	24551.7	0.557092
2014	153084	8993	46078	144091	25961.1	0.563416
2015	131014	10215	46810	120799	24556.3	0.524590

1. 绝对差异分析

为了更为清晰地显示 2010～2013 年人均 GDP 的标准差的变化趋势，通过图 4 - 2 进行分析，1996～2015 年，闽新轴带的 74 个地级市的人均 GDP 的标准差为逐年递增的趋势，说明各个地级市的绝对差距越来越大，1996 年最低的定西市与最高的克拉玛依市相差 27987 元，2015 年最高的仍为克拉玛依市，最低的变为和田地区，两者相差 120799 元，由此可见，随着人均 GDP 的逐年增长，最高收入区域和最低收入区域之间的收入差距在不断扩大，各地级市之间的绝对差距在不断增大，但增长幅度没有明显增大的趋势，表现在 2015 年的标准差较 2014 年有下降的趋势，说明整个轴带上的各地级市之间的经济发展差距速度相对放缓，绝对差距有所缩小的事态。

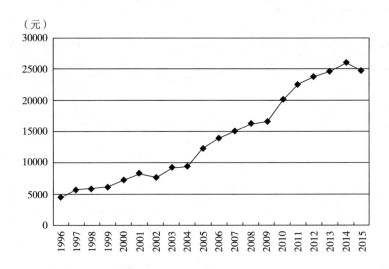

图 4 - 2　1996～2015 年闽新轴带人均 GDP 的标准差的变化趋势

2. 相对差异分析

绝对差异反映出来的是各区域发展水平高低的比较，是对所有区域发展状况的高低划分，由于各区域的发展基数不同，绝对差异不能全面地反映一个区域的经济发展状况，经济发展水平低的区域可能经济增长速度快。相对差异是通过比较区域之间的发展速度，进而比较各个区域的发展差异，对区域经济差异的研究需要结合绝对差异和相对差异同时进行分析，才能得出比较全面的分析结果，主要通过变异系数来进行具体描述。

通过图 4 - 3 可以看出，闽新轴带 74 个地级市人均 GDP 的变异系数呈波动变化的趋势，大致为先上升后持续下降。具体分析，1996～2001 年大致为上升趋势，由于福建沿海受到东部地区优先发展战略的支持加上得天独厚的地理优势，经济发展迅速，领先于整个轴带上的中西部地区，因而轴带经济的区域差异不断加大；2001 年后，由于西部大开发战略的实施，闽新轴带中占大片面积的西部地区也进行投资发展，相对缩小了和东中部地区的差距，整个轴带经济的区域差异在波动变化中有所缩小；值得注意的是，2005 年后，变异系数为明显的下降趋势，说明整个轴带的地级市间的经济相对差异显著地缩小，这得益于中部崛起战略的实施，东部和西部地区在原有国家战略基础上，处于经济发展较为平稳的中部地区在政策支持下迅速发展，相对于落后西部地区对经济发展的拉动作用更大，可以在很大程度上缩小与东部地区的经济差异，使闽新轴带地级市之间的经济发展差距有不断变好的趋势，整个轴带的区域经济得以融合发展，协同进步。

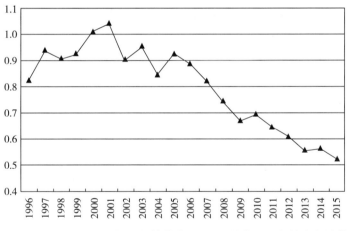

图 4-3 1996~2015 年闽新轴带人均 GDP 的变异系数的变化趋势

三、闽新轴带经济发展阶段划分

(一) 研究方法

区域发展存在从一种稳定状态变化到另一种稳定状态，即从一个阶段到另一个阶段。划分突变点的方法很多，但多采用 Mann -

Kendall 检验法。Mann – Kendall 检验法是非参数统计检验的方法，有人为影响小、检验范围大、定量化程度高的优点。此方法通过时间序列 $\{X_1, X_2, X_3, \cdots, X_n\}$ 构造两个标准正态分布统计量 UF_i 和 UB_i，绘制两条曲线的统计图来判断突变点和突变区域。若 UF 值大于 0，说明时间序列为上升趋势，若小于 0 为下降趋势；当超过临界值线（显著性水平）时则为明显上升或下降趋势，超过临界线的范围为突变时间区域；若 UF 和 UB 两条线在临界直线间出现交点，交点对应的时刻为突变开始时刻，即为突变点。

（二）阶段划分结果

选取 1996～2015 年这 20 年闽新轴带人均 GDP 增长率构建时间序列数值进行突变点检验，以显著性水平 $\alpha = 0.05$ 绘制出这 20 年来的 Mann – Kendall 统计量曲线（见图 4 – 4）。从图中可以看出，突变点位于 2003 年，因此本节把研究时段划分为两段。总体上看，1996～2003 年，人均 GDP 增长率呈下降趋势，尤其在 2000 年超过了临界值，为显著下降的趋势；2003～2015 年，人均 GDP 增长率先是保持持续下降，但 2005 年后的 10 年则呈持续上升趋势，并于 2012 年接近临界值，是显著的上升趋势，说明近年来闽新轴带沿线地区的经济发展稳步增长。

四、闽新轴带经济发展不平衡空间演变分析

（一）研究方法

1. 标准差椭圆（SDE 空间分析）

标准差椭圆可以揭示地理要素的空间分布整体特征，主要通过中心、沿主轴、沿辅轴、方位角等多角度来反映要素在二维空间分布上的重心、主要趋势、次要趋势上的离散程度和主要趋势方向。椭圆的长半轴表示的是数据分布的方向，短半轴表示的是数据分布的范围，长短半轴的值差距越大（扁率越大），表示数据的方向性越明显。反之，如果长短半轴越接近，表示方向性越

不明显。如果长短半轴完全相等，则为一个圆，表示没有任何方向特征。短半轴表示数据分布的范围，短半轴越短，表示数据呈现的向心力越明显；反之，短半轴越长，表示数据的离散程度越大。若短半轴与长半轴完全相等，说明数据没有任何分布特征。此外，中心点则表示整个数据的中心位置。

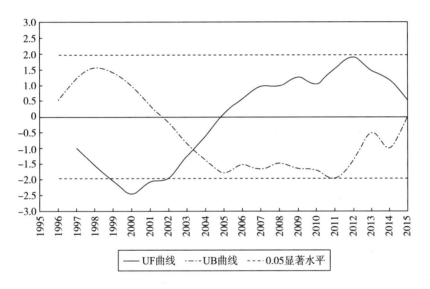

图 4 - 4　1996~2015 年闽新轴带人均 GDP 增长率 Mann - Kendall 统计量曲线

2. ESDA 探索性空间统计分析

ESDA（Elxploratory Spatial Data Analysis）探索性空间分析里面包含探测空间数据的技术，可用来探索数据中的空间模式，了解数据的空间属性。其中，空间自相关是检验空间位置的要素值是否显著地与相邻空间上点的值关联的分析方法，分为全局自相关和局部自相关。全局空间自相关反映了整个空间范围上要素的分布或集聚的相互关系，最常用的是 Moran's I 指数。Moran's I 取值范围为 [-1，1]，数值大于 0，则存在正相关，越接近 1，则高值和低值的空间聚集性越强；数值小于 0，则为负相关，越

接近 -1，则在空间上分布越分散。

$$Moran's\ I = \frac{\sum_{i=1}^{n}\sum_{j=1}^{n}w_{ij}(x_i - \bar{x})(x_j - \bar{x})}{S^2\sum_{i=1}^{n}\sum_{j=1}^{n}w_{ij}} \qquad (4-3)$$

式中，w_{ij} 为研究区域每个空间单元 i 与 j 的空间相邻权重矩阵，空间相邻为 1，不相邻为 0；x_i 为第 i 个单元的观测值，S^2 为 $\sum_{i=1}^{n}(x_i - \bar{x})^2/n$。

3. 冷热点分析

测定地理现象的热点和冷点区域通常用 Getis - Ord Gi 指数，用来反映空间单元与其临近单元间的相关性，进行数据的异质性检验和冷热点区域的识别，其公式如下：

$$Getis - Ord\ Gi = \frac{\sum_{i=1}^{n}w_{ij}x_i}{\sum_{i=1}^{n}x_i} \qquad (4-4)$$

$$Z(Gi) = \frac{Gi - E(Gi)}{\sqrt{Var(Gi)}} \qquad (4-5)$$

式中，w_{ij} 为研究区域每个空间单元 i 与 j 的空间相邻权重矩阵，当两者相邻时，w_{ij} 为 1，反之，则不相邻取 0；x_i 为第 i 个单元的观测值。当 $Z(Gi)$ 显著为正时，表明位置 i 周围的值相对较高，属于热点地区（高值聚集区）；反之，则属于冷点地区（低值聚集区）。

（二）闽新轴带经济发展不平衡空间演化总体特征

从空间重心上看，重心的移动轨迹以东西方向为主，而南北方向上变化不大（见图 4 - 5）。20 年来，闽新轴带的地级市经济重心均位于甘肃省陇南市境内；1996 ~ 2003 年，重心以 4.5 千米/年的速度向西北方向迁移；2003 ~ 2015 年，重心以 6.5 千米/年的速度向东南方向迁移，重心迁移速度也有所加快。重心迁移轨迹说明，闽新轴带市域经济发展呈现出西部经济好转，东部经济迅速发展，东西部间经济近年来协调发展的趋势，与我国不同时期的区域发展政策有关。

从转角上看，转角的变化范围为117°~118.2°，闽新轴带沿线经济的空间分布为东南—西北格局。1996~2003年，转角由118°增长到118.2°，东南—西北格局相对强化；2003~2015年，转角由118.2°减小到117°，东南—西北格局显著弱化。

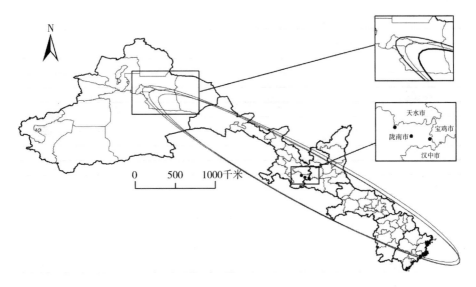

图4-5　闽新轴带经济重心及标准差分布

从主轴方向上看，主半轴标准差系数显示出闽新轴带沿线经济在主要方向上为持续扩张、迅速收缩的趋势。1996~2003年，主半轴标准差从1993千米增长到2032千米，说明这一阶段，闽新轴带经济在主要方向上呈持续扩张的趋势；2003~2015年，主半轴标准差从2032千米迅速下降到1910千米，年均下降1.7千米，轴带经济在主要方向上明显收缩。从辅半轴方向上看，20年来，辅半轴标准差从270千米增长到295千米，两个时间段的上升速度为1.5千米/年和0.9千米/年，说明轴带在东南—西北方向上的趋势持续有所下降。

（三）闽新轴带经济发展不平衡空间格局演变分析

1. 闽新轴带经济发展不平衡空间水平格局演变

为了反映闽新轴带沿线地区经济发展水平的空间格局演变，以各市域人均 GDP 的平均值及其 0.5 倍和 1.5 倍为标准，参照世界银行的区域经济分类标准，分为低水平、中低水平、中高水平和高水平四类，并选取 1996 年、2003 年、2015 年 3 个时间断面进行分析（见图 4 - 6）。

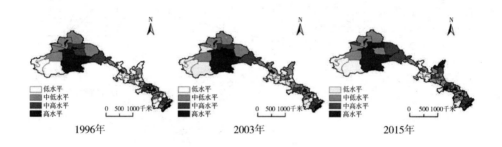

图 4 - 6　闽新轴带经济发展水平空间格局

从图 4 - 6 中可以看出，闽新轴带沿线区域经济发展存在阶段性，两极分化逐步趋缓。在 3 个时间断面下，人均 GDP 低于区域平均水平的市域个数为 48 个、47 个和 38 个，所占比重在 52% 以上，说明整个轴带的经济发展水平多数为较低水平，但低水平区域个数有逐年下降的趋势；处于高水平的市域发展较为稳定，大致位于巴音郭楞蒙古自治州、克拉玛依市、兰州市、武汉市、福州市等。20 年来，闽新轴带经济发展的两极分化趋势逐渐减弱，中高水平地区和中低水平地区显著增多，说明我国的西部大开发，中部崛起，"一带一路"倡议等区域政策带动作用明显，区域发展不平衡现象有所改善。

闽新轴带沿线区域经济发展格局呈现出圈层扩散的特征。轴带中以省会城市作为高水平的核心，呈等级圈扩散趋势，如乌鲁木齐市、兰州市、武汉市、福州市等。分地域来看，东部地区的福建省，1996 年有 3 个处于中低水平的市域，到 2015 年全省都处于中高等水平，说明东部经济持续稳定增长。中部地区的江西省和湖北省，2015 年两省处于人均 GDP 平均水平以上的市域达 93%，仅有恩施土家族苗族自治州和赣州市 2 个地区仍处于低水平，说明在长江经济带推动下，处于长江中游城市群的武汉市和南昌市，作为高水平核心区的辐射力度不断扩大。西部地区的低水平区域显著下降，尤其是 2015 年陕西省的低水平地区全部消失，说明西部地区的经济迅速增长，与本区绝大部分地级市不同的是，克拉玛依市一直处在高水平区域，这与克拉玛依市是国家重要的石油石化基地密不可分。

2. 闽新轴带经济发展不平衡空间关联格局演变

利用 GeoDa 软件计算出 1996 年、2003 年、2015 年 3 个时间断面下的市域人均 GDP 的全局自相关系数为 0.122076、0.119213、0.123757，Moran's I 指数均大于零，且均通过了显著性检验，说明轴带上的人均 GDP 不是随机分布，具有空间集聚性；但由于闽新轴带沿线由六省区连接而成，区域范围广阔，为长条状分布，所以轴带沿线地区经济发展的空间自相关性显著性不强。20 年来，整个轴带的空间自相关性先减弱后增强，符合轴带沿线经济在主要方向上为先持续扩张，后迅速收缩的趋势，说明随着国家战略的阶段性实施，东中西部地区之间集聚程度增强，各区域间经济协调发展。

为了探讨闽新轴带各市域经济发展的集聚态势，本节通过计算 3 个时间断面下的闽新轴带沿线地级市的 Getis - Ord Gi 指数，并利用自然断裂点法（Natural Breaks）分为 4 类：冷点、次冷点、次热点和热点（见图 4 - 7）。

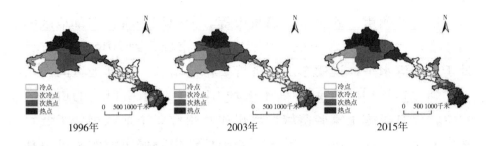

图 4-7　闽新轴带经济 G 指数（冷热点）空间分布

如图 4-7 所示，20 年间闽新轴带沿线的经济发展大致呈现出 "两端热中间冷" 的空间分布状态，热点均集中在新疆的北疆地区和福建的沿海地区。从时间上看，1996 年，热点区位于新疆的北疆地区和福建的沿海地区；次热点区位于北疆和沿海热点的扩散外围，中部地区是以武汉和南昌为核心的次热点块状区域；冷点区则位于西部地区，甘肃和陕西的南部地区均是经济发展冷点区。2003 年，热点区范围有所缩小，次冷点区的增长较为明显，湖北和江西的大部分以及陕西的北部出现片状的次冷点。2015 年，热点地区扩大，表现在以新疆的北疆地区和福建的沿海地区为核心的热点区域不断扩大，尤其是甘肃的酒泉市变为了热点区，这与酒泉市的国防工业以及酒钢和石油产业密切相关；次热点地区则仍分布在热点区外围，为扩散格局；湖北和陕西的次冷点区连成一片，呈带状分布；而甘肃的南部地区和陕西的西部地区一直处于冷点区，一直是闽新轴带沿线经济发展上的 "低洼地带"。从轴带经济的冷热点的空间格局上看，整条轴带的经济发展不平衡现象在不断收缩，但甘肃和陕西的冷点区域分布较多，经济发展与其他省份相比较为落后；陕西的东部地区在 1996 年和 2003 年均为冷点地区，而延安市和商洛市等在 2015 年变为次冷点区域，说明陕西的内部差距有所扩大。

总体上看，闽新轴带的经济热点区比较稳定，对外的辐射力度增强，如新疆北疆地区和福建沿海地区；中部地区的福建和江西均处于热点和次热点，也较为稳定，但对于周围地区的经济发展带动作用需要进一步加强；西部地区的热点位于北疆地区，而甘肃南部一直处于冷点区域，酒泉市和兰州市作为省内的核心增长极响应不强，陕西的东部地区逐年脱离冷点区变为次冷点区，说明榆林市的核心影响力呈不断扩散态势。

五、闽新轴带经济发展不平衡驱动机制分析

（一）研究方法

地理加权回归模型（GWR）是由地理学家 Fotheringham、Charlton 等提出的用于研究空间数据复杂性、自相关性和变异性的新方法，能较好地揭示经济变量之间的空间依赖性，其实质是局部加权最小二乘法，这里的权是研究的区域单元的地理空间位置到其他单元的地理空间位置之间的距离函数，具体公式如下：

$$y_i = \beta_0(u_i, v_i) + \sum_{k=1}^{p} \beta_k(u_i, v_i) x_{ik} + \varepsilon_i \qquad (4-6)$$

式中，$i = 1, 2, \cdots, n$，表示研究的区域个数；(u_i, v_i) 为第 i 个区域的坐标；$\beta_k(u_i, v_i)$ 是第 i 个区域的第 k 个回归参数，是地理位置的函数；x_{ik} 是解释变量矩阵；ε_i 为常数项，服从方差为常数的正态分布，其中 GWR 模型拟合中最重要的参数有空间核函数和核带宽。

（二）驱动机制结果分析

区域经济发展不平衡是自然、经济和社会多因素综合作用的结果，自然条件奠定了经济发展的基础，但人文要素对区域经济差异时空的影响更为显著；对于相关因素，定性分析多为自然区位条件、历史基础、要素禀赋和区域发展战略的影响，定量分析则从投资、财政、市场化、全球化、工业化和产业结构等方面进行探讨。叶欣岳以人均 GDP 代表区域经济发展状态，选取了全球化、市场化和分权化建立多层次回归模型；王少剑选取了全球

化、简政放权、市场化、投资水平 4 个社会经济因素和 2 个虚拟区位因素进行空间多水平回归分析；余凤鸣用经济投入、经济效率、人力资本和经济结构 4 个主成分因子进行分析；郭源园选取了社会行政、经济、地理交通和政策四大类因素的 15 个细化因素进行了岭回归分析；宋涛从本地经济、外向经济、本地综合发展 3 个方面构建了 12 个因子的指标评价体系；谢磊以人均 GDP 作为因变量，选取了工业化、行政、市场、城镇化和经济基础 5 个因子进行了多元线性回归分析。

上文揭示了闽新轴带的人均 GDP 在时间和空间上有着显著的地区差异性，为了进一步探究该区域发展不平衡的形成机制，对 1996 ~ 2015 年的闽新轴带沿线地区的 74 个地域单元进行地理加权回归建模，参考因素的可量化性和数据的可获取性，本节选取了 4 个因素：人均社会消费零售额，人均固定资产投资，人均财政支出，第二、第三产业占 GDP 比重为自变量，分别代表消费能力、投资水平、政府实力和产业结构 4 个方面，对 1996 年、2003 年、2015 年 3 个时间段的不同因子的解释力度进行分析。利用 AIC 信息准则法，得到了 3 个时间断面的 GWR 模型结果，调整后的 R^2 均在 80% 以上，说明整个 GWR 估计模型能较好地模拟更变量对区域经济发展水平的影响，并将不同地理位置的回归系数借助 ArcGIS 软件进行可视化的表达。

1. 消费能力对轴带经济发展不平衡的贡献率

能够反映消费能力最常用的指标是人均社会消费品零售额。如图 4 - 8 所示，总体上，消费能力对闽新轴带经济发展的贡献具有正向作用。从空间上看，人均社会消费品零售额回归系数空间分布 20 年来变化不大，回归系数的高值区位于东部地区，如福建沿海地区的回归系数多处于第一、第二等级（黑色部分），市场经济发育水平高，经济发展较为活跃；而属于西部地区的新疆则均处在第七等级，由于地域偏远，自然环境恶劣，人口相对于东中部地区偏少，消费能力不足，市场经济不足，对经济发展的贡献率不大。喀什地区虽寻求以消费提高经济发展，仍处于冷点区，更说明了该地区以消费拉动区域经济发展的效果欠佳；与新疆相比，甘肃和陕西两省的人均社会消费品零售总额回归系数较大，但该地区的经济发展大部分为整条轴带上的"低洼地带"，说明这些地区是该影响因素的敏感地区，可以尝试通过促进人民消费来推动经济不断发展。总体上看，消费水平对整个轴带的拉动作用在地区之间存在差异，当前拉动效应并不理想。

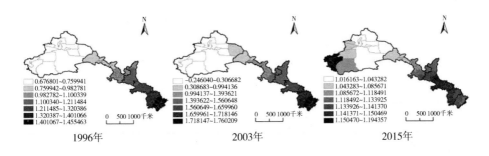

图4-8　GWR模型人均社会消费品零售额回归系数空间分布

2. 投资水平对轴带经济发展不平衡的贡献率

从整体上看，投资水平的回归系数均为正，说明投资水平与闽新轴带经济发展水平呈现正相关关系，对整条轴带的经济有着正向促进作用。1996年和2003年，与消费水平相反，投资水平影响较大的区域处于西部的新疆地区，并呈现以边疆地区为高值区，向中东部的回归系数逐渐变小的趋势，这受益于国家的西部大开发战略，重点投资了西部经济发展较落后的地区，而福建沿海地区由于已经具有良好的经济基础，在整条轴带的投资方面不突出；2015年，投资水平的效应发生扭转，由于中部崛起和"一带一路"倡议等的实施，中部地区和东部沿海地区受投资的影响较为明显，表现为湖北和江西的块状地区逐渐变成了次热点地区，福建全省成为热点区，而从下文分析可以看出，新疆等西部地区则转向了由政府主导的经济发展模式，说明投资水平对整个轴带的经济发展驱动效应不可忽视。

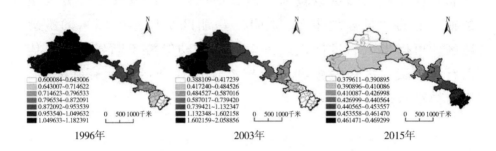

图4-9　GWR模型人均固定资产投资额回归系数空间分布

3. 政府实力对轴带经济发展不平衡的贡献率

政府财政支出是常用来代表地区政府实力的指标。图4-10表明，人均财政支出的回归系数由存在正负到2015年全部为正，说明政府实力对于整条轴带的经济发展驱动作用越来越大。1996~2015年，人均财政支出的回归系数在西部地区呈逐渐扩散趋势，到2015年，新疆的北疆大部分地区财政支出的贡献率在第一、第二等级，说明西部地区政府加大财政支出后取得了一定成效，综合实力在不断增强；与之相反，东部和中部地区的财政支出相对西部地区来说，对人均GDP的拉动效果不大，表现在2015年福建的人均政府财政支出回归系数处于最低水平，由于该地区国家的大规模战略支持和重点投资，政府实力对经济发展的影响相对来说较小。

4. 非农产业结构对轴带经济发展不平衡的贡献率

本节选取非农产业占生产总值的比重来反映产业结构，如图4-11所示，从回归系数的空间变化上看，1996年前，由于东部沿海地区优先开放，凭借良好的地理优势，福建的产业结构率先调整，产业结构因子贡献率较高，而西部地区由于发展水平不够，产业结构还处于低端水平，产业对经济发展的驱动力不强。2003 年后，受益于西部大开发战略，新疆地区产业结构迅速进行优化，从南疆较为落后的农业向北疆原有的传统工业依次推进。到 2015 年，产业因子对新疆的经济贡献率均在第一、第二等级，产业结构优化贡献率明显。此外，由于中部和东部地区的产业结构已经率先进行了创新改造，因此产业结构的贡献率在 2015 年的贡献率不大，这也在一定层面上反映了西部地区的产业结构较为落后，产业调整相对于中部和东部地区来说较为滞后。

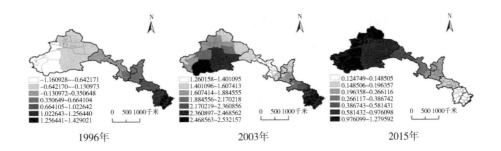

图 4 – 10　GWR 模型人均政府财政支出回归系数空间分布

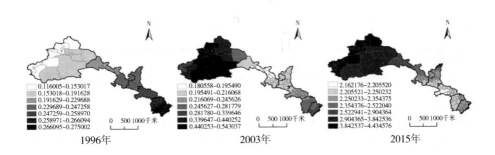

图 4 – 11　GWR 模型非农产业结构回归系数空间分布

第二节 闽新轴带资本发展不平衡

改革开放 40 年以来，中国经济飞速发展，对世界经济发展的影响也越来越大。自 1978 年以来，我国的固定资产投资总额以及增长速度都有了很大的提高，固定资产投资绝对值、相对份额以及增长速度的区域差异性都十分显著。经济周期理论认为投资波动变化会在一定程度上导致经济波动的出现，但投资是在国民经济"三驾马车"之中，现对于较为平稳的消费而言，周期性较为普遍的一个因素，其波动程度较消费而言也较为剧烈。在固定资产投资总额和增速的区域性差异中，较为明显的是由于政策倾斜、原有经济基础以及区位优势的影响。我国的东部沿海省份吸引了大量的固定资产投资，有经济优先发展的优势；而中西部的内陆各省区市的固定资产投资总量较小，外加交通、人力资源和技术的相对落后，经济发展较东部而言仍较为落后。由于闽新轴带作为联系陆海丝绸之路核心区（东南海疆门户福建与西北陆疆门户新疆）的最便捷大通道，横跨我国的东中西三大区域，加强对闽新轴带固定资产投资和经济增长的现状分析，了解固定资产与经济增长之间的关系，分析出闽新轴带沿线地区在固定资产投资方面存在不平衡的差距所在，有助于把握固定资产投资对整个轴带的拉动作用，从而带动整个轴带经济得以平稳迅速发展。

一、固定资产投资与经济增长机理分析

为了解固定资产投资对经济的具体影响，我们需要先了解固

定资产投资的内涵。固定资产投资是以货币形式表现的、企业在一定时期内建造和购置固定资产的工作量以及与此有关的费用变化情况。包括企业用于基本建设、更新改造、大修理和其他固定资产投资等。建造和购置固定资产的经济活动，即固定资产再生产活动。固定资产再生产过程包括固定资产更新（局部和全部更新）、改建、扩建、新建等活动。固定资产投资是社会固定资产再生产的主要手段。固定资产投资额是以货币表现的建造和购置固定资产活动的工作量，它是反映固定资产投资规模、速度、比例关系和使用方向的综合性指标。固定资产投资（Fixed Assets Investment）按照不同的划分标准可以划分为多种类型，如表 4 - 2 所示，本书将固定资产投资划分为四类，包括基础设施建设投资、制造业固定资产投资、房地产开发投资和其他固定资产投资。

表 4 - 2　固定资产投资的划分

按城乡划分	按产业划分	按主题隶属关系划分
城镇固定资产投资（包括房地产开发投资）	第一产业投资 第二产业投资	中央投资（含跨地区开发投资）
农村投资	第三产业投资	地方投资

基础设施建设投资通常指的是投资于直接在生产部门和人民生活领域提供前提条件以及公共服务的设施，包括交通运输、通信、水利、电力等社会公共事业，提供无形产品；制造业固定资产投资是固定资产投资中份额较大的关键部分，包含了纺织业、医药制造业、通用设备制造业等多个领域；房地产开发投资亦为固定资产投资中较重要的组成部分，指的是房地产的开发、建设公司及附属的包括统代建、拆迁还建的房屋建筑物和配套设施的投资；其他固定资产投资指的是第一产业、第三产业的固定资产

投资、社会组织、农村投资以及其他各种企业、单位和集体建造与购置固定资产的项目。

随着我国经济进入新常态，投资的作用日益凸显。投资对资本形成、资本存量增加意义重大，是地区经济增长的重要驱动力。在新常态下，研究投资与经济增长的关系具有重要的价值。在现代经济周期理论中，普遍认为投资先行于经济产出，投资波动领先于产出波动，且波动幅度更大。按支出法核算的 GDP 构成要素分别为消费、净出口与投资，其中投资比其他要素的变动性要大很多，投资一直是我国经济发展态势转变的重要预警指标之一。2008 年金融危机以前，我国出现的每一次经济过热或过冷，都与固定资产投资的过热和疲软密切相关。投资作为内生于经济产出的变量之一，具有加速经济增长的作用。在我国改革开放初期，东部沿海省份由于原有经济实力、人口、技术、开放政策等优势吸引了大量的固定资产投资项目，其中也包含外商直接投资项目，它有力地促进了东部地区省份的区域经济发展，在固定资产投资项目的积极作用下，经济加速发展进一步带动投资规模扩大，这样就形成了投资—发展的马太效应，即经济越发达的地区拥有更大的投资规模，进而更加有利于经济发达地区的经济发展，这使得我国区域经济差距不断扩大。

二、闽新轴带固定资产投资和区域经济增长贡献的实证分析

（一）闽新轴带固定资产投资和经济增长现状分析

1. 固定资产投资与经济整体变化情况分析

从闽新轴带自 1996 年以来的 20 年经济增长与投资增长的走势图可以看出，固定资产投资增长波动与经济增长波动在波动周期上大体保持同步变动的趋势，其周期性也较为一致，但又具有一定的差别。差别主要表现在：第一，峰谷位置在时间上有所不同，经济增长往往滞后于固定资产投资一年达到峰值或开始上

升。例如，固定资产投资增长率在 2008～2009 年极速下降，
2010 年又极速回升，呈 V 字形走势，而经济增长率则在 2009～
2010 年极速下降，2011 年极速上升，也呈明显的 V 字形变化趋
势。这一特征与学者王天营（2004）对我国固定资产投资对经济
增长的滞后影响研究中通过建模所得出的结论一致：我国固定资
产投资对 GDP 的滞后影响期大约为一年。第二，1996～2015 年
的 20 年来，闽新轴带全社会固定资产投资的波动幅度高于地区
生产总值的波动幅度，以年度增长率的离差系数（标准差/均值）
来衡量，1995～2005 年全社会固定资产投资的波动幅度（1.23）
是地区名义国内生产总值波动幅度（1.12）的 1 倍之多。

具体分析可知，闽新轴带的固定资产投资增长率在 2008 年
极速下降，这是由于 2008 年发生了席卷全球的金融危机，由于
投资者对资本市场价值失去信心，引发了流动性危机。此后又在
2009 年极速上升，使我国面对金融危机的巨大冲击，2009 年实
行积极的财政政策和适度宽松的货币政策，旨在保持经济增长速
度，降低因金融危机对市场造成的损害程度；全年固定资产投资
实现快速增长，到 2010 年实现了 41719.76 亿元的投资额度，投
资项目大量增加，资金供应较为充足，环比投资增速上升到最高
值的 40.38%，这进一步说明了固定资产投资在应对金融危机的
严峻挑战、确保国民经济持续稳定增长中发挥了重要作用。2013
年以后，受到国际大环境的影响，出口贸易受限，国内出现产能
过剩、居民消费疲软等问题，导致固定资产投资增速下降，经济
发展速度放缓。截至 2015 年底闽新轴带固定资产投资增速回落
到 16.8%，经济发展增长率则持续降到 9.2%，说明这一时期由
于社会生产投资的不足和结构性失衡限制了此阶段的经济增长水
平（见图 4-12）。

从闽新轴带固定资产投资和经济周期阶段的分析中，我们不
难得出这样的结论：1996 年后，我国每一轮经济周期之中，固定

资产投资都被视为关键的宏观经济调控手段；轴带经济周期阶段的发展亦证实了该调控手段的有效性和必要性。与此同时，固定资产投资的波动变化一直是宏观经济波动的主要来源之一，而宏观经济的增长亦对固定资产投资产生了较大的影响。

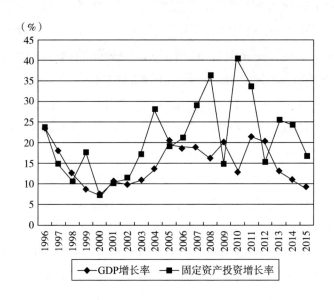

图 4 - 12　闽新轴带固定资产投资增长率和经济增长率走势

2. 闽新轴带固定资产投资省域情况分析

地区经济发展的核心是经济增长问题，而投资是地区经济增长的第一原动力。改革开放以来，我国经济增长表现为消费需求和投资需求共同拉动，且投资需求拉动不断增强的特征，投资的变化是引致地区经济增长和区域经济差异变化的重要原因之一。在我国经济发展的不同历史时期，地区投资增长具有不同特点，对闽新轴带区域经济增长也有不同影响。随着我国改革战略的阶段性推进，闽新轴带经济主体行为的自主性增强，整个轴带经济发展不协调的现象也日渐明显，突出表现为地区省域上的经济发展差距扩大。

从表4－3可以看出，由于我国于1978年以后实施了投资向沿海倾斜的外向型非均衡发展战略，全国投资总体上是向沿海地区尤其是珠江三角洲、长江三角洲等沿海省市倾斜，在闽新轴带上福建省的固定资产投资一直处于前列，对经济增长起到了巨大的推动作用，经济发展一直是闽新轴带上最为发达的地区。之后提出西部大开发战略，陕西省、甘肃省和新疆维吾尔自治区的固定资产投资份额不断提高，具体表现在陕西省的固定资产投资份额在2001年达到了最大值9.34%，新疆维吾尔自治区的固定资产投资份额在2002年达到了最大值13.08%，说明在西部大开发战略下，整个轴带上地处西部区域的投资得到了大幅度提升。此外，受益于中部崛起战略的实施，江西省的固定资产投资份额在2004年为最大值19.08%。整体上看，闽新轴带上占比较高的是福建省和湖北省，这两者的经济发展水平也均位于前两位；而甘肃省的固定资产投资份额占比最小，经济发展水平也最为落后；陕西省的固定资产投资份额变化最大，1996年占比为11.98%，最高为2010年的20.52%，占比变化近9%，说明陕西省在投资方面做出了巨大的努力，有效地拉动了该区域的经济发展，表现在2008年以后陕西省的人均经济发展水平跻身于前三位。闽新轴带上各省份的固定资产投资份额在新常态下都呈现出明显的增大趋势，表明各地尤其是中西部省份在新常态下的外部需求萎缩压力和经济结构调整压力下采用投资驱动的方式来缓解经济下行压力，有了一定的成效。

表4－3　闽新轴带六省区固定资产投资份额情况　　　　单位:%

年份	福建	江西	湖北	陕西	甘肃	新疆
1996	25.44	11.46	31.70	11.98	6.92	12.49
1997	25.66	10.97	30.95	12.11	7.55	12.76

续表

年份	福建	江西	湖北	陕西	甘肃	新疆
1998	25.39	11.01	29.81	13.19	8.01	12.59
1999	23.79	11.24	29.79	14.17	8.79	12.23
2000	22.32	11.30	29.31	15.38	9.10	12.59
2001	20.97	12.21	28.69	15.73	9.34	13.05
2002	19.81	14.88	27.28	15.68	9.27	13.08
2003	19.56	17.90	24.44	16.59	8.50	13.00
2004	19.91	19.08	24.71	16.19	7.93	12.18
2005	20.29	18.77	24.53	17.15	7.57	11.70
2006	21.37	18.41	24.52	17.91	7.03	10.75
2007	22.79	17.41	23.91	19.21	6.91	9.76
2008	21.82	17.89	23.87	19.97	7.15	9.30
2009	19.80	17.72	25.56	20.40	7.72	8.80
2010	19.83	17.17	25.89	20.52	8.10	8.48
2011	19.96	17.23	25.51	19.77	8.24	9.29
2012	19.82	16.80	25.74	20.02	7.86	9.76
2013	19.50	16.14	26.07	20.01	8.05	10.23
2014	19.38	15.84	26.27	19.66	8.15	10.70
2015	20.07	16.14	27.09	18.73	8.01	9.96

（二）闽新轴带固定资产投资与经济增长关系分析

从图4-12可以看出，固定资产投资与 GDP 的变动趋势相像，但两者之间是否存在显著的关系？并且是否存在一定的因果关系？这需要我们对其进行协整回归和 Granger 因果关系检验。因此我们选择1996～2015年的年度数据，对固定资产投资和地区生产总值分别剔除固定资产投资价格指数和商品零售价格指数变动因素的干扰。我们选择的固定资产投资函数如下：

$$GDP_t = \beta_0 + \beta_1 FAI_t + \mu_t \qquad (4-7)$$

式中，FAI 为闽新轴带固定资产投资额，GDP 为该地区生产总值，μ_t 为均衡误差。

1. 闽新轴带固定资产投资与经济增长关系的协整分析

由于数据的自然对数变换不改变原来的协整关系，并能使趋势线性化，消除时间序列中存在的异方差的影响，对上述两个变量取对数，分别表示为 lnGDP 和 lnFAI。

判断时间序列是否是一个平稳的时间序列要进行单位根检验，如果闽新轴带固定资产投资与地区生产总值之间存在协整关系，两者必须是同阶单整的，推断变量单整的阶数时选择 ADF 检验，通过 Eviews 6.0 软件得到的结果如表 4－4 所示，在 5% 和 10% 的显著水平下，以 AIC 准则为标准，GDP_t 与 FAI_t 都是 I（2）变量，其二阶差分均为平稳的时间序列。

表 4－4　闽新轴带固定资产投资与经济总值的 ADF 单位根检验结果

序列	ADF 检验值	1% 的临界值	5% 的临界值	10% 的临界值	结论
lnFAI	－2.909898	－4.571559	－3.690814	－3.286909	非平稳
lnGDP	－1.852218	－4.532598	－3.673616	－3.277364	非平稳

结果发现以上两个指标序列都为不平稳的时间序列，进而对这两个指标序列进行一阶差分检验，检验结果如表 4－5 所示。

表 4－5　一阶差分和二阶差分的 ADF 检验结果

序列	ADF 检验值	1% 的临界值	5% 的临界值	10% 的临界值	结论
lnFAI 一阶差分	－3.611883	－4.571559	－3.690814	－3.686909	非平稳
lnGDP 一阶差分	－2.125143	－4.571559	－3.690814	－3.286909	非平稳
lnFAI 二阶差分	－5.977569	－3.920350	－3.065585	－2.673459	差分后平稳
lnGDP 二阶差分	－4.787488	－4.616209	－3.710482	－3.297799	差分后平稳

2. 闽新轴带固定资产投资与经济增长关系的协整检验

为了确定闽新轴带的固定资产投资与经济增长之间确实存在

长期稳定的关系，需进行协整性检验。我们选取最常用的 Engle – Granger 两步法（EG）来进行协整检验。EG 检验的第一步是用最小二乘（OLS）法对投资函数进行协整回归，第二步则需进行均衡误差 μ_t 的平稳性检验。如果检验结果表明均衡误差为平稳时间序列，则认为协整方程成立。

根据表 4 – 5 可知，两个指标序列的二阶差分大致在 5% 的显著水平上否定了原假设，所以说，在二阶差分后两个指标序列已经平稳，均为二阶单整，满足进行协整检验的条件，对两个变量进行最小二乘法回归。

$$\ln\text{GDP}_t = 3.5688 + 0.7069\text{FAI}_t + \mu_t$$

$$(35.09596) \quad (66.39237)$$

$$R^2 = 0.995933 \qquad \text{D. W.} = 1.051757$$

对协整检验后的残差进行单位根检验结果如表 4 – 6 所示。

表 4 – 6　残差的 ADF 检验结果

序列	ADF 检验值	1% 的临界值	5% 的临界值	10% 的临界值	结论
Resid	– 3.306090	– 2.692358	– 1.960171	– 1.607051	平稳

由上述结果可以看出，闽新轴带的固定资产投资与经济增长有促进作用，固定投资总额每增长 1 个单位，江西省能源消耗量就增加 0.7069 个单位，即闽新轴带的固定资产投资与地区生产总值在这一时段存在稳定的长期的均衡关系。

3. 闽新轴带固定资产投资与经济增长的 Granger 因果关系检验

从表 4 – 7 可以看出，原假设"GDP 不是 FAI 变化的原因"和"FAI 不是 GDP 变化的原因"均被拒绝了，说明两者存在双向因果关系，说明通过加大固定资产投资对区域经济增长是具有一定拉动作用的，在新常态下的外部需求萎缩压力和经济结构调整压力下可以采用投资驱动的方式来缓解经济下行压力。

表 4 - 7 Gramger 因果关系检验

Null Hypothesis	Obs	F – Statistic	Prob.
LNGDP does not Granger Cause LNFAI	18	10. 2534	0. 0021
LNFAI does not Granger Cause LNGDP		12. 1571	0. 0011

（三）闽新轴带固定资产投资对经济的拉动作用分析

从前文分析可以看出，闽新轴带固定资产投资与经济增长的关系显著，那么固定资产投资的不平衡分布对区域经济增长的影响大小如何呢？这就需对其拉动指标作进一步的分析。衡量固定资产投资与经济增长关系的指标有效益指标和贡献指标两大类。效益指标，顾名思义是衡量投资经济效益的。投资经济效益就是固定资产投资支出与投资所得的有用成果的比值，因此效益指标一般是越大越好。贡献指标是从经济总量或增量的构成角度出发，测算固定资产投资总量或增量的比重，也就是衡量投资对经济增长的贡献程度，这类指标并非越大越好，而是有一个最适值，过大过小都不好。下面我们就两类指标分别进行比较。

1. 基于效益指标的分析

固定资产投资的经济效益反映着人们投资活动预期目的的实现程度，是对投资规划、决策和投资实施、回收进行检验和评价，用以说明投资活动优化或失误量的尺度。衡量投资经济效益的指标主要有投资效果系数和投资弹性系数。

（1）固定资产投资效果系数分析。固定资产投资效果系数是指一定时期的国内生产总值的增加额（ΔGDP）与引起这一增加的固定资产投资总额（I）的比例。它从资金投入与产出比率上较全面地反映了投资活动的最终效益，投资效果系数一般是越大越好。当投资额达到一定水平时，随着投资额的增加，投资效果系数就有降低的趋势。因为固定资产投资效果系数与地区生产总值的增量成正比，而与投资总量成反比。固定资产投资总量的增加通常快于地区生产总值的增加，致使投资效果系数降低；同时，随着投资额的增加，效果好的固定资产投资机会相对减少，投资效果系数也就会降低。因此，采取投资效果系数指标评价投资效果时，常以投资率和投资拉动系数指标表明投资效果是在多大规模下取得的。当投资拉动系数不变时，投资增长率越高，投资效果系数就越大。但是，投资增长率与投资拉动系数也会变动，投资效果系数有时也可能上升。其计算公式如下：

$$固定资产投资效果系数 = \frac{\Delta GDP}{I} \qquad (4-8)$$

从表 4-8 可以看出，分省份看，福建省的投资效果系数多高于闽新轴带，说明福建省的投资效益在整个轴带中较好，经济发展处于高水平得益于其固定资产的投资效果好；而新疆维吾尔自治区和甘肃省的投资效果系数整体较低，表现在 2015 年新疆维吾尔自治区的投资效果系数仅为 0.48，甘肃省的投资效果系数出现了负值，这远低于整个轴带的投资效果系数 5.05，说明位于西部地区的区域投资效果相对不好。整体上看，整个轴带以及各个省域自 2004 年以来的投资效果系数都呈逐渐下降的趋势，说明投资额达到一定水平时，效果相对于前阶段有所变小。

表 4-8　闽新轴带省域固定资产投资效果系数比较　　单位:%

年份	福建	江西	湖北	陕西	甘肃	新疆	轴带
1996	49.28	67.45	39.66	48.12	76.69	22.19	46.69
1997	43.03	51.01	32.92	34.84	26.87	31.09	37.04
1998	27.56	25.09	20.92	17.40	28.43	12.91	22.19
1999	24.45	27.22	8.85	21.68	17.87	10.52	17.44
2000	32.37	27.26	22.24	28.34	21.88	32.83	27.30
2001	27.18	26.13	21.60	24.29	14.34	18.14	22.62
2002	32.07	29.72	19.60	24.91	18.52	14.89	23.69
2003	34.23	25.87	28.91	26.15	25.62	27.31	28.46

续表

年份	福建	江西	湖北	陕西	甘肃	新疆	轴带
2004	41.06	35.68	37.17	38.07	38.18	27.79	36.74
2005	33.75	27.67	33.76	38.25	28.07	29.21	32.42
2006	33.04	28.46	28.75	31.03	33.50	28.15	30.29
2007	38.52	29.67	37.84	27.83	32.56	25.82	33.11
2008	29.70	26.94	34.41	32.10	26.66	29.21	30.55
2009	22.22	12.02	19.88	13.05	12.55	3.32	15.53
2010	30.22	25.07	27.83	22.82	19.47	32.78	26.55
2011	27.90	25.77	28.33	23.83	20.73	24.88	25.97
2012	16.85	11.57	15.86	15.12	13.35	14.30	14.84
2013	13.95	11.37	12.25	10.99	10.23	11.52	11.95
2014	11.86	8.65	10.35	7.93	6.52	8.15	9.35
2015	8.90	5.80	7.44	1.64	−0.54	0.48	5.05

（2）固定资产投资弹性系数分析。经济学中弹性的一般概念表示自变量对因变量的相对变化的比值。弹性大小表示因变量的变化对自变量的敏感性程度，通常用弹性系数表示。弹性系数越大，表示因变量对自变量变化的反应越敏感，也就越富于弹性。根据经济学中弹性这一概念，我们定义固定资产投资弹性如下：

$$经济增长的投资弹性 = \frac{\Delta GDP/GDP}{\Delta t/t} \qquad (4-9)$$

式（4-9）的含义是单位固定资产投资增长引起的国内生产总值增长，它从相对量角度来衡量投资效益的大小。投资弹性系数是由投资率与投资拉动系数两个指标制约的，投资弹性系数与投资率成正比，与贡献率成反比。在其他条件不变的情况下，投资弹性系数越大，经济增长速度越快。

从表4-9可以看出，1996～2003年，福建省的固定资产投资弹性系数多大于其他省份，但从2004年开始，弹性系数则变为低于绝大多数其他省份地区，由于西部大开发和中部崛起战略的同步实施，处于东部地区的福建省的优先投资地位有所下降，因而对经济增长的拉动效果逐渐降低，经济增长速度变慢。处于西部地区的陕西省、甘肃省和新疆维吾尔自治区的固定资产投资弹性系数自 2001 年以来不断变大，并在 2004 年均超过 100%，这与西部大开发战略的实施紧密相连，三省的经济增长速度显著提高。此外，在中部崛起战略的支持下，表现在江西省的固定资产投资弹性系数自 2004 年起不断变大，经济增长步伐不断加大。这些都与我国的阶段性战略实施有关，在经济不断发展的进程中，投资弹性系数有所减小，说明整个轴带的经济增长速度有所放缓。

表 4 - 9　闽新轴带省域固定资产投资弹性系数比较

年份	福建	江西	湖北	陕西	甘肃	新疆	轴带
1996	1.14	0.85	0.97	1.15	2.43	0.68	1.06
1997	1.12	1.65	1.36	0.88	0.48	1.01	1.09
1998	0.64	0.43	0.69	0.29	0.53	0.43	0.53
1999	-9.10	0.97	0.65	0.70	0.52	1.74	1.13
2000	2.37	0.72	1.06	0.69	0.71	1.18	0.99
2001	1.65	0.47	1.03	0.83	0.51	0.63	0.80
2002	1.13	0.39	0.93	0.85	0.71	0.57	0.70
2003	0.56	0.39	1.14	0.54	0.99	0.77	0.61
2004	0.66	0.78	0.77	1.08	1.28	1.06	0.83
2005	0.64	0.92	0.86	0.87	0.94	1.08	0.83
2006	0.55	0.83	0.65	0.71	1.03	1.06	0.71
2007	0.64	0.90	0.87	0.62	0.72	0.88	0.75
2008	0.79	0.70	0.81	0.85	0.60	0.87	0.77
2009	0.69	0.38	0.43	0.40	0.30	0.11	0.42
2010	0.73	0.93	0.79	0.82	0.60	1.06	0.80
2011	0.88	1.07	1.13	1.31	0.90	0.71	1.02
2012	0.53	0.51	0.54	0.61	0.69	0.48	0.55
2013	0.55	0.63	0.50	0.56	0.49	0.48	0.53
2014	0.57	0.56	0.56	0.57	0.42	0.45	0.54
2015	0.50	0.45	0.51	0.25	-0.07	0.11	0.44

2. 基于贡献指标的分析

测度投资对经济增长贡献程度的指标主要有投资率和投资对经济增长的贡献率两类，下面分别测度投资总量和增量对经济总量和增量的贡献。

（1）固定资产投资率分析。固定资产投资率是当年的固定资产投资数量与当年 GDP 的比重，其计算公式如下：

$$投资率 = \frac{I}{GDP} \tag{4-10}$$

投资率是反映投资与经济增长的最基本的指标。一般来说，投资率越高，经济增长速度越快，但并不是投资率越高越好。投资率过高、投资增长过快、投资规模过大往往会引发经济波动。投资率也不能过低，投资率过低、投资增长过慢、投资规模太小也会影响中长期经济发展的后劲，不利于经济持续快速健康地增长。因此只有适度合理的投资率，才能充分发挥投资对整个经济增长的拉动力。

表 4-10　闽新轴带省域投资率比较

年份	福建	江西	湖北	陕西	甘肃	新疆
1995	32.52	24.29	39.18	31.28	34.90	40.91
1996	31.80	25.24	39.38	30.60	29.73	43.05
1997	31.30	23.93	37.93	31.10	33.32	42.97
1998	33.18	26.44	39.53	37.36	37.29	46.95
1999	30.46	26.51	40.32	38.88	40.16	45.96
2000	28.75	27.37	40.10	41.34	41.92	44.76
2001	27.85	30.36	39.99	42.31	44.91	47.33
2002	27.55	37.73	40.24	43.25	46.74	50.42
2003	30.26	49.15	39.59	49.41	46.80	53.13
2004	32.95	52.64	41.83	48.63	44.77	52.58

年份	福建	江西	湖北	陕西	甘肃	新疆
2005	35.77	53.47	43.01	50.39	45.22	51.93
2006	41.08	55.67	46.90	55.03	45.00	51.46
2007	46.73	56.93	48.58	63.26	48.46	52.53
2008	48.99	62.34	51.18	66.33	54.81	54.02
2009	51.99	74.37	63.36	80.21	71.29	66.10
2010	56.14	75.81	67.65	84.57	81.68	65.10
2011	57.63	74.66	65.89	80.11	83.56	71.30
2012	64.51	83.21	74.17	88.84	88.82	83.39
2013	71.00	89.17	83.71	98.33	101.21	96.50
2014	76.69	95.96	91.32	105.76	113.50	109.83
2015	83.25	103.97	98.78	111.96	127.04	115.06

从表4-10可以看出，闽新轴带省域的投资率均呈现出上升趋势，其中投资率增长幅度较大的省份均处于西部地区，而增长幅度最小的则为处于东部地区的福建省。各省份的固定资产投资份额在新常态下都表现出明显的增大趋势，这表明各地（尤其是中西部地区）在经济下行压力、外部需求萎缩压力和经济结构调整压力下采用了投资驱动的方式来缓解经济下行压力。值得注意的是，在整个轴带上，西部地区的投资效率虽一直处于较高水平，但西部地区的经济低洼低地分布较为广泛，说明该地区投资拉动经济增长的力度与其他地区相比，相对较弱。

为了更为直观精确地展示出闽新轴带沿线区域投资率分布不平衡的状况，可通过以市域为单元，进行可视化处理的方法，如图4-13所示。

从图4-13可以看出，闽新轴带沿线区域固定投资相对规模的空间分布存在不平衡问题，各个地级市的投资份额排位随时间发生显著变化。1996年，投资贡献率较高的地区多半位于东部地区，这是由于改革开放以来，东部沿海地区的投资得到了优先发展。2005年，投资贡献率较高的地区主要集中在西部和中部地区，如西安市、榆林市、庆阳市、嘉峪关市、张掖市、和田地区、景德镇市和上饶市，这受益于西部大开发和中部崛起政策的实施。2015年，整个轴带上贡献率处于最低水平的地区显著减小，投资占地区生产总值的比重逐年变高。分地域来看，东部的福建省，20年来投资率变化不大，均处于中高水平，说明东部地区的投资持续稳定增长。中部地区的湖北省，1996年大部分地区的投资率处于最低水平，到2015年全省都脱离最低水平，说明在中部崛起战略的实施下，处于长江中游城市群的武汉市和南昌市的核心区力度不断扩大，整个所在地区吸引了大量的投资，经济发展状况好。西部地区的新疆维吾尔自治区的投资率比重高值区逐渐由南疆移动到北疆，说明了近些年来，北疆的经济发展高于南疆，因而获得的投资较多。此外，酒泉市的投资贡献率排位处于最高值，甘肃省和陕西省交界处的投资贡献率也为高值聚集区。

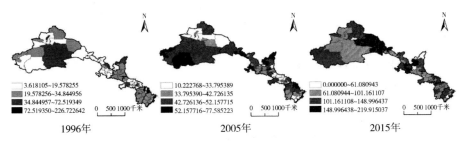

图4-13 闽新轴带固定资产投资率空间分布

（2）固定资产投资拉动系数分析。投资拉动系数也就是投资对经济增长的贡献率，是指固定资产投资本身作为需求因素对经济增长的直接贡献，它的含义是经济增量中投资增加所引起的拉动作用程度。运用投资拉动系数可以计算经济增长中有多少百分比是由固定资产投资需求增加所带动的。它是衡量单位投资增长带动经济增长的量的尺度，用公式表示如下：

$$经济增长的投资弹性 = \frac{\Delta I}{\Delta GDP} \qquad (4-11)$$

当其他条件不变时，投资拉动系数越大，经济增长越快。但投资拉动系数不是越大越好，这是因为投资拉动系数过大，表明经济增长主要是靠投资需求增加，而不是靠技术进步，这种经济增长属于粗放型、低质量的增长。而投资拉动系数过小，表明投资需求不足，投资规模偏小，对经济增长拉动作用微弱，不利于促进经济发展。因此，投资拉动系数要有一个合理的取值区间。

从表 4 - 11 可以看出，闽新轴带沿线省份投资对经济增长的投资弹性呈逐年变大的趋势，除了甘肃省在 2015 年出现了负值。分地区来看，东部地区的固定资产投资贡献率弹性除个别年份外，一直控制在较合理的范围内，说明东部地区的投资贡献弹性维持在较好的区间内，即东部地区的经济增长方式较为多元化；中部地区的湖北省和江西省的固定资产投资贡献率弹性变化趋势也相对较小，维系在合理的范围之内，经济增长不受制于投资压力。而相比之下，西部地区的固定资产投资贡献率弹性变化幅度在整个轴带上较大，投资贡献弹性在很高的水平之上，尤其是甘肃省在 2015 年出现了最大的负值，这对西部地区的经济长期发展较为不利，投资不平衡问题值得重视。

表 4 - 11　闽新轴带省域投资拉动系数比较

年份	福建	江西	湖北	陕西	甘肃	新疆
1996	27.95	29.86	40.44	26.63	12.24	63.32
1997	28.05	14.51	27.82	35.26	69.75	42.45

续表

年份	福建	江西	湖北	陕西	甘肃	新疆
1998	51.92	61.75	57.27	127.42	70.79	108.72
1999	-3.35	27.45	61.66	55.41	77.31	26.47
2000	12.12	37.96	37.77	59.89	59.31	37.80
2001	16.87	65.06	38.85	50.72	88.38	74.67
2002	24.39	96.11	43.18	51.07	66.02	88.41
2003	53.69	127.58	34.59	90.96	47.22	69.09
2004	50.18	67.72	53.98	45.16	34.97	49.39
2005	56.31	58.21	49.99	57.75	48.28	48.29
2006	74.85	67.38	71.83	77.56	43.78	48.69
2007	72.49	63.12	56.03	101.80	66.92	59.38
2008	62.24	89.13	63.36	77.65	91.91	61.99
2009	75.01	197.00	147.86	199.01	238.98	604.50
2010	76.44	81.93	86.17	102.77	136.59	61.40
2011	65.39	69.86	58.19	61.21	92.57	100.04
2012	120.95	163.44	136.32	145.08	127.87	172.64
2013	130.02	142.07	167.22	176.62	208.49	201.38
2014	133.62	170.88	164.18	186.95	267.21	245.48
2015	165.21	228.79	192.97	442.39	-1864.40	1060.23

为了更为直观精确地展示出闽新轴带沿线区域投资拉动系数分布不平衡的状况，以市域为单元进行可视化处理，如图 4-14 所示。

1996~2005 年，西部欠发达地区进入渐进发展阶段，固定资产投资拉动系数呈现出增加的趋势，如陕西省的西安市、甘肃省的张掖市、新疆维吾尔自治区的和田地区和喀什地区的投资拉动系数均处于较高水平，说明西部地区在不断加速发展追赶中东部；而中东部的大部分地区处于较高水平，说明中东部地区的投资效率一直处于良好稳定的状态。2005~2015 年，西部地区的固定资产投资拉动系数变动较大，新疆维吾尔自治区的高值区位于北疆的吐鲁番地区、哈密地区，甘肃省的酒泉市、武威市、定西市、庆阳市的投资拉动系数均处于较高水平，说明甘肃省在投资不断加大的同时，经济同步得以发展；而中东部地区的投资拉动系数仍处于较为稳定的均衡水平。此外，值得注意的是轴带上固定资产投资拉动系数处于较低水平的大部分地区在西部地区，尤其是新疆维吾尔自治区的大部分地区，说明该地区加大固定资产投资的规模但投资效率较低，发展模式呈现粗放和低效率的特征。

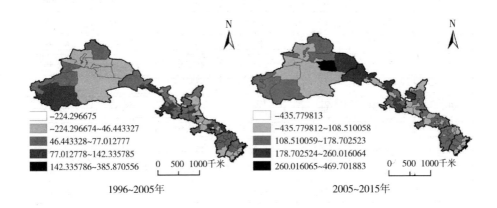

图4-14　闽新轴带固定资产投资拉动系数空间分布

　　闽新轴带沿线地区固定资产投资是拉动经济增长的主要因素。通过前文实证研究显示，固定资产投资与经济增长关系显著，且两者具有双向因果关系。固定资产投资对经济增长具有双重效应：一方面，投资可直接转化形成建筑业及相关产业的增加值，成为当期 GDP 的一部分，直接推动国民经济的发展，奠定了国民经济进一步增长的基础。另一方面，它具有多级传导和扩散的功能，通过对相关产业的影响，拉动经济增长。固定资产投资的增加不仅可直接促进建筑业、工业等行业生产的增长，对生产资料市场和消费市场的繁荣也起到了间接的推动作用。

　　闽新轴带沿线中东部和中部地区固定资产投资效益大于西部地区。通过以上分析可以看出，东部地区的两个效益指标明显大于中部和西部；而贡献指标中投资率指标东部地区一直稳定在经济学家们认为最适宜的35%左右，其波动幅度明显小于中部和西部。从投资率上看，均呈现出上升的趋势，其中投资率增长幅度较大的省份均位于西部地区，而增长幅度最小的则为处于东部地区的福建省。值得注意的是，在整个轴带上，西部地区的投资效率虽一直处于较高水平，但西部地区的经济低洼低地分布较为广泛，说明该地区投资拉动经济增长的力度与其他地区相比，相对较弱。从投资对经济增长的投资弹性上看，闽新轴带沿线省份投资对经济增长的投资弹性呈逐年变大的趋势，除了甘肃省在2015年出现了负值。分地区来看，东部和中部地区的固定资产投资贡献率弹性除个别年份外，一直控制在较合理的范围内，说明东部和中部地区的投资贡献弹性维持在较好的区间内，即该地区的经济增长方式较为多元化；而西部地区的固定资产投资贡献率弹性变化幅度在整个轴带上较大，投资贡献弹性在很高的水平上，这对西部地区的经济长期发展较为不利，投资不平衡问题值得重视。

第五章　闽新轴带发展不充分研究

本章主要介绍闽新轴带沿线地区文化与资源利用、产业发展状况及交通可达性演变状况，并分别对其发展的不充分进行分析，根据闽新轴带发展不充分分析提出对策建议。

第一节　闽新轴带文化发展不充分

一、闽新轴带文化概述

闽新轴带区域跨度大，文化景观多元化、差异化现象显著，尤其是东部沿海和西北大漠地区的自然环境及其造就的文化景观所产生的视觉及心灵冲击力极为震撼。现对各省文化进行简单概述。

福建的文化元素代表莫过于妈祖文化和客家文化。妈祖文化是中国海洋文化的代表，始于宋，成于元，兴于明，盛于清，一直延续至近现代，是福建和中华民族宝贵的精神财富。妈祖文化的祖地在福建的湄洲岛，此地亦是众多信徒心中神圣与朝觐之地。在航海技术不发达的年代，妈祖便是出海人的精神庇佑神明，随着我国航海事业的发展，妈祖文化的影响不断向世界扩展。妈祖，体现了民众对其的爱戴与亲近，凸显了妈祖的无私之爱，对子民的庇佑，揭示了东方海洋文化的特质——和平、自由、共存、共荣。客家文化是福建文化的另一张名片，闽西的长汀、连城、上杭、武平、永定等县是纯客家地，是客家人重要的聚居地，客家围屋是其最具代表性的景观。

江西古居吴头楚尾，形成了兼容并包的江右文化即为赣文化。江右文化在赣创造出来的物质与精神文化成就十分突出。它的精神文化精髓体现在文、章、节、义四个字上。江西至宋时人才辈出，衍生出不少文化流派，其中有心学、诗派、词派、画派、书院文化等。江西的赣派宗教对中国宗教文化乃至世界也产生了不少的影响，尤其是在佛教禅宗方面。在物质文化方面，最有名的当然要数景德镇的陶瓷文化，享誉国内外。世界因瓷器而认识中国，江西的陶瓷文化历经千年而不倒，陶瓷工艺制作出神入化。

湖北大部为早期楚文化的中心地带，起源于黄河流域一带，融合了中原姬周文明的特色，形成了兼具南北方的文化之气，即具有独特地域特色的荆楚文化。荆楚文化的主要构成可概括为青铜冶铸、丝织刺绣、木竹漆器、美术音乐、老庄哲学及屈骚文学六大支柱。在荆楚文化中艺术设计颇具特色，其设计风格与形象充分体现了楚人的想象力与审美意识，如青铜器物的形制，图案优美的漆器以及楚丝织刺绣品等。原始的荆楚文化独具地方色彩，融浪漫性与宁折不屈的文化精神于一体，在荆楚的文学作品中可见一斑。

陕西历史源远流长，民族文化闻名遐迩，总体上可概括为三秦文化。作为中华文明的发源地之一，早在100多万年前就出现了最早在陕西生活的古人类——蓝田猿人，距今5000多年前生活在姬水流域的黄帝部落和姜水流域的炎帝部落，在冲突中走向

117

融合，逐渐形成了中国历史上最早的民族共同体——华夏族，开启了中华民族五千年的文明历史。西安是十三朝古都，具有厚重的历史文化气息，大雁塔、兵马俑等历史遗迹是三秦文化景观的代表。

甘肃简称陇，因而该地的文化可统称为河陇文化。河陇是中原地区的西屏障，也是丝绸之路的重要通关点，是"咽喉之地"。在古中国，河陇是一个农业文明与畜牧文明不断冲击与融合的地带，中华民族文化在这里交相辉映，同时也是中西方文化交流的重要驿站。在当时成为中国域内外文化大碰撞最强之地，多元融合，博大宽容。石窟、壁画、古长城、音乐是彰显甘肃地区厚重的文化历史的突出代表。

新疆，古代称为西域，是丝绸之路的重要枢纽，千年来构成了中国独特多元的西域文化。从地理自然环境来看，新疆的西域文化可以分为南部绿洲农耕文化、北部草原游牧文化、屯垦文化三大文化类型。新疆自古以来就是多民族文化的聚居地，宗教类型繁多，兼容并包。自丝绸之路开通以来，新疆就在民族文化交流和文化发展中发挥着重要作用。

二、闽新轴带的旅游资源

闽新轴带横跨我国西北边界至福建东南沿海，区域旅游资源种类齐全，总量丰富；在开发过程中比较注重品质，并在部分地区开发较为深入，对区域旅游资源和文化景观内涵的挖掘较深入；但同时区域旅游资源空间差异较为明显。

（一）绝对丰度

风景名胜区是指具有观赏、文化或者科学价值，自然景观、人文景观比较集中，环境优美，可供人们游览或者进行科学、文化活动的区域。风景名胜包括具有观赏、文化或科学价值的山河、湖海、地貌、森林、动植物、化石、特殊地质、天文气象等自然景物和文物古迹，革命纪念地、历史遗址、园林、建筑、工程设施等人文景物和它们所处的环境以及风土人情等。

由表 5 - 1 可知，景点总数最高的为陕西，其次为江西和湖北，新疆和福建居于末位。陕西历史文化悠久，省会西安作为十三朝古都，长久以来都是古代的政治文化中心，因此留下了众多的历史文化遗迹，在文物保护单位以及博物馆两项景点类别上，陕西具有绝对优势和领先地位，历史文化名城数量也多过其他省份。福建和江西的森林覆盖率分别为 65.95% 和 63.1%，居全国首位和全国第二，在生态环境和自然景观上，两者具有极其明显的优势。福建和江西的国家级风景名胜区绝对丰度为 0.30，大幅领先于其他省份，在国家森林公园和自然保护区方面，江西和福建也领先于其他省份，绿色旅游是江西和福建的一张响亮名片。从高等级景区的绝对丰度来看，闽新轴带各省差异不大，且甘肃和新疆在世界遗产上具有一定的优势，但受制于生态环境，其国家森林公园和自然保护区方面的劣势较为明显。总体来看，闽新轴带旅游资源具有明显的地域性，各地区由于历史文化因素和自然环境条件的差异，形成了独具特色的旅游资源和旅游景观。

表 5 - 1 闽新轴带旅游资源状况

省份	国家级风景名胜区（个）	文物保护单位（个）	国家森林公园（个）	4A 级以上景区（个）	A 级景点（个）	博物馆（座）	自然保护区（个）	历史文化名城（座）	世界遗产（个）	营业收入（亿元）
福建	18	85	29	34	182	98	92	4	3	41.64
江西	18	51	46	29	255	138	200	3	1	538.58
湖北	8	91	37	28	316	183	80	5	2	185.44
陕西	6	141	35	29	336	274	60	6	3	111.74
甘肃	4	71	22	33	255	152	60	4	3	56.33
新疆	6	90	21	27	296	90	31	3	2	43.73

表 5 - 2　闽新轴带旅游资源绝对丰度与相对丰度

	项目	福建	江西	湖北	陕西	甘肃	新疆
绝对丰度	景点总数（个）	0.13	0.18	0.18	0.22	0.15	0.14
	国家级风景名胜区（个）	0.30	0.30	0.13	0.10	0.07	0.10
	文物保护单位（个）	0.16	0.10	0.17	0.27	0.13	0.17
	国家森林公园（个）	0.15	0.24	0.19	0.18	0.12	0.11
	4A级以上景区（个）	0.19	0.16	0.16	0.16	0.18	0.15
	A级景点（个）	0.11	0.16	0.19	0.20	0.16	0.18
	博物馆（座）	0.10	0.15	0.20	0.29	0.16	0.10
	自然保护区（个）	0.18	0.38	0.15	0.11	0.11	0.06
	历史文化名城（座）	0.16	0.12	0.20	0.24	0.16	0.12
	世界遗产（个）	0.21	0.07	0.14	0.21	0.21	0.14
	项目	福建	江西	湖北	陕西	甘肃	新疆
相对丰度	景点总数（个）	11.62	10.02	7.06	12.20	5.89	1.45
	国家级风景名胜区（个）	0.38	0.24	0.08	0.08	0.04	0.02
	文物保护单位（个）	1.81	0.69	0.86	1.93	0.69	0.23
	国家森林公园（个）	0.62	0.62	0.35	0.48	0.21	0.05
	4A级以上景区（个）	0.72	0.39	0.26	0.40	0.32	0.07
	A级景点（个）	3.88	3.45	2.98	4.61	2.49	0.76
	博物馆（座）	2.09	1.87	1.72	3.76	1.48	0.23
	自然保护区（个）	1.96	2.71	0.75	0.82	0.58	0.08
	历史文化名城（座）	0.09	0.04	0.05	0.08	0.04	0.01
	世界遗产（个）	0.06	0.01	0.02	0.04	0.03	0.01

（二）旅游资源相对丰度

旅游业的发展和布局既要考虑到旅游资源的绝对量，也要考虑到相对量才能正确地估计旅游资源的潜力，使旅游资源充分地、可持续地为区域旅游业发展服务。旅游资源相对量所标志的相对丰度是为了排除区域间人口数量和地域面积相差悬殊的影响而设置的指标。

旅游资源绝对丰度闽新轴带排名为陕西 > 江西 > 湖北 > 甘

肃＞新疆＞福建，而排除人口和地域面积之后的相对丰度排名与绝对丰度差别较大，排名为陕西＞福建＞江西＞湖北＞甘肃＞新疆。其中新疆与陕西的差距达到了8.4倍，六省从资源总量相对丰度基本可划分为三个层级，第一层级为陕西、江西和福建，三个省的绝对丰度总量均在10以上，且差距较小；第二层级为湖北和甘肃，两者分别为7.06和5.89；第三层级为新疆，资源丰度值较低，资源相对匮乏，无论是总量上还是单项旅游资源，新疆均位于倒数第一。

从单项旅游资源来看，在国家级风景名胜区方面，福建和江西依旧占有绝对的优势，以0.38和0.24居于前二，是第三的3倍以上；陕西的国家文物保护单位指标依旧占据榜首，但值得注意的是，福建的相对丰度大幅上涨，排名第二且与陕西差距不大。在国家森林公园方面，江西和福建依旧位于首位，较大幅领先于其他省域，这主要得益于其排在全国前二的森林植被覆盖率。博物馆数量陕西排名首位，福建居于次席，整体上差异巨大。在自然保护区方面，江西和福建大幅领先于其他省份，分别为2.71和1.96，其他省域均在1.0以下，这主要受益于良好的自然环境和全国前列的植被覆盖率。历史文化名城总体与绝对丰度相似；世界遗产福建和陕西两省分别居于首位和次位。总体来看，陕西在历史文化旅游资源方面具有巨大的优势，而江西、福建的自然环境优势相对明显；在去除人口和地域面积的干扰下的绝对丰度，福建的排名大幅上升，位于轴带第二，而新疆地广人稀、自然环境相对恶劣，在旅游相对丰度上具有一定的劣势。

（三）闽新轴带旅游资源评价

前述各项指标说明了各类旅游资源在每个地区的丰度。在此基础上可以将闽新轴带各省各类旅游资源占全区比重的指数汇总成为一个从总体上反映各省旅游资源绝对丰度的综合评价指标；同时将旅游资源的综合密度指数汇成一个反映各省份旅游资源相对丰度的综合指标，将绝对丰度和相对丰度的乘积开平方得到各省旅游资源的总丰度。

表 5 - 3　闽新轴带旅游资源绝对丰度

地区	绝对丰度		相对丰度		综合丰度	
	分值	位序	分值	位序	分值	位序
福建	0.13	6	11.62	2	1.23	3
江西	0.18	2	10.02	3	1.34	2
湖北	0.18	3	7.06	4	1.13	4
陕西	0.22	1	12.20	1	1.64	1
甘肃	0.15	4	5.89	5	0.94	5
新疆	0.14	5	1.45	6	0.45	6

从综合丰度视角来分析闽新轴带省域旅游资源的区域差异及位次排序，由表 5 - 3 可知，闽新轴带的绝对丰度排序为陕西 > 江西 > 福建 > 湖北 > 甘肃 > 新疆。陕西历史文化悠久，且西安为十三朝古都，旅游资源丰富，新疆在旅游方面的劣势相较其他省域明显，排名居于末位。

（四）闽新轴带旅游资源效率评价

借助 DEAP 软件包对闽新轴带各省域的旅游资源产出效率进行测度分析，得到结果如表 5 - 4 所示。若综合效率等于 1，则投入产出达到最优；若规模效率为 1，而技术效率小于 1，则表明规模效率相对较好但出于技术水平而导致整体投入产出效率偏低；若技术效率为 1，而规模效率小于 1，则说明虽然技术水平达到最优但规模经济效率仍然较差。如果规模效率递减则应当减少投入水平，而规模效率递增，则应增加投入水平。

综合效率较低，以低值段为主。根据表 5 - 4 可知，闽新轴带除江西的综合效率为 1.000 之外，其他城市的综合效率均在 0.3500 之下，这表明闽新轴带整体上旅游资源的产出效率偏低，低值段为主导的闽新轴带在未来的旅游资源发展中有巨大的发展潜力，在未来的发展中可通过完善基础设施、加强旅游资源的开发来提升综合效率。

表5－4　闽新轴带旅游资源效率

地区	综合效率	技术效率	规模效率	规模报酬
福建	0.105	1.000	0.105	irs
江西	1.000	1.000	1.000	—
湖北	0.340	0.802	0.424	irs
陕西	0.173	0.643	0.268	irs
甘肃	0.128	0.912	0.141	irs
新疆	0.106	0.964	0.110	irs

注：irs表示规模效率递增；—表示规模效率不变。

技术效率整体较高。技术效率是指由于管理和技术等因素影响的生产效率。整体上闽新轴带的技术效率较好，效率值除陕西外均在0.8以上，福建和江西更达到极值。陕西由于旅游资源最为丰富，在管理和技术方面的管理难度和规模相对较大，因此，导致其技术效率反而低于其他省域。

规模效率整体较低。陕西和江西的旅游资源较为丰富，其规模效率相对较好，福建、甘肃和新疆的规模效率较差，福建旅游资源规模最低，而新疆的旅游资源规模较小且地广人稀，很难发挥出其特色旅游资源的优势。从规模报酬上看，闽新轴带均呈现规模报酬递增的情况，这表明旅游资源远未达到最优解，闽新轴带可适度开发出一些精品、特色旅游资源提升其效率。

三、闽新轴带文化旅游资源发展不充分分析

（一）闽新轴带旅游资源区域发展不平衡

闽新轴带沿线文化景观差异巨大，蕴含着巨大的旅游开发资源。然而，区域旅游资源发展不平衡，高等级旅游资源区域差异明显，国家级风景名胜区、国家级文物保护单位和国家自然保护

区这些优质旅游资源的极差极大，国家自然保护区的极差更是高达 169，博物馆数量的方差达到 4542.57。整体上看，闽新轴带旅游资源存在两头轻中间重的现象，两端的新疆、福建以及甘肃的旅游资源数量与陕西、湖北和江西之间的差距明显；从营业收入上看差距也十分明显，陕西、湖北和江西均在百亿元以上，江西更是高达 500 多亿元，而两端省份，均在百亿元以下。

（二）闽新轴带旅游资源效率不足

闽新轴带旅游资源效率尚未达到最优解，DEA 模型显示闽新轴带的旅游资源呈规模效率递增的态势，表明其规模效率还有较大的提升空间，除技术效率外、规模效率和综合效率发展层级均较低，且区域差异明显。西北地区的旅游资源和发展状况均呈劣势：一方面，西北地区人口较少、经济发展程度较低，市场规模较小；另一方面，旅游资源的配套设施，如交通等发展明显滞后，因而，导致西北地区旅游业的发展受到一定的限制。

（三）闽新轴带旅游资源品牌特色尚不明显

闽新轴带斜跨我国国土空间，区域跨度极大，其整体文化及旅游景观差异十分明显，如福建的妈祖文化和客家文化景观、湖北的荆襄文化以及西北的西域风情和丝绸之路文化。区域差异明显的文化景观和旅游资源有助于区域特色明显的旅游风格，打造地方特色的旅游品牌，而整体上的旅游路线展示了不同的文化景观，具有极强的冲击力。但目前区域特色的旅游资源品牌尚未明显建立，越是相近的区域，其旅游景观趋同性也较为严重；整体上，闽新轴带未建立全局上的旅游合作和整体路线规划，其旅游品牌建立和开发的潜力极大。

四、闽新轴带旅游发展的建议

立足旅游资源实际、以高标准高质量和先进规划指导旅游业发展。西北地区的旅游业发展较慢，要立足发展实际，加强政府支持；学习东部地区和发达国家的先进经验，通过先进的发展经验提升发展水平，在规划旅游业的发展时要以高标准、高质量以及先进的规划来指导地区旅游业的发展。

多措并举提升闽新轴带旅游发展效率：首先，闽新轴带发展效率不足，但规模效率呈递增状态，表明可以通过提升旅游资源的发展规模来提高旅游发展水平及效率；其次，加大地区特色旅游资源的宣传，网络距离往往可以超越空间距离的阻隔，提升旅游资源的知名度有助于提升旅游的客源及收入；最后，要加强景区及基础设施的建设，基础设施的完善既有提升经济发展水平的作用，也能提升景区发展的通达性，提升旅客的体验，从而提升旅游资源的配置效率。

打造地域特色的旅游景区，目前旅游资源区域趋同和地域特色不明显问题较为突出，闽新轴带文化景观差异明显，要注重打造具有地域特色的旅游品牌。福建可根据客家文化和妈祖文化的特点，打造具有文化内涵的旅游品牌，江西革命遗迹众多，且具有较高的森林覆盖率，可以从红色和绿色两个方面打造红色最红、绿色最绿的区域旅游品牌；新疆、甘肃等地区在历史文化上具有明显的西域风情，加上丝绸之路可以打造西域风情游和思路寻古游等特色旅游品牌。

第二节 闽新轴带产业发展不充分

一、闽新轴带产业结构演进

产业结构具有两方面的含义：一是从量的方面来看，是指国民经济中各产业之间和各产业内部的比例关系；二是从质的方面看，是指国民经济中各产业的质量分布状态，即技术水平和经济效益的分布状态。产业结构的演进正是基于产业结构数量和质量两方面的提高。

从闽新轴带产业结构演进来看，2003年江西和甘肃的第一产业比重较大，分列前两位，闽新轴带除新疆外，第一产业比重均在10%以上；新疆和福建的第二产业比重较大，分列前两位；第三产业里陕西和新疆发展较好，比重均在40%以上。2003年闽新轴带的产业发展均呈现出"二三一"的状态。2015年，经过十余年的发展，闽新轴带六省第一产业比重均呈下降趋势；第二产业方面，甘肃和新疆由于区域自然条件对工业发展限制较大，其第二产业的比重也呈下降趋势，另外四省均呈上升趋势；第三产业方面，陕西呈下降趋势，其产业结构已经由"二三一"演进为"三二一"（见表5-5）。

表5-5　轴带省域产业结构演变

地区	2003年			2015年		
	第一产业比重	第二产业比重	第三产业比重	第一产业比重	第二产业比重	第三产业比重
福建	12.55	48.60	38.85	8.17	50.38	41.44
江西	19.16	44.57	36.27	10.03	52.07	37.89
湖北	14.74	46.72	38.54	10.38	49.55	40.07
陕西	13.26	44.21	42.53	8.89	50.72	40.39
甘肃	16.37	46.91	36.71	12.98	37.81	49.21
新疆	1.11	52.75	46.15	1.13	36.73	62.14

二、闽新轴带产业区位熵及演变

（一）区位熵方法

区位熵是用来衡量某一区域要素的空间分布情况，反映某一产业部门的专业化程度以及某一区域在高层次区域的地位和作用。在产业结构研究中，运用区位熵指标可以分析区域优势产业的状况，并且可以体现一个城市的职能规模大小。

本节选取城市产业从业人员数量作为指标，计算 i 城市 j 部门从业人员区位熵 LQ_{ij}，公式如下：

$$LQ_{ij} = \frac{G_{ij}/G_i}{G_j/G} \ (i = 1, 2, 3, \cdots, m; j = 1, 2, 3, \cdots, n)$$

$$(5-1)$$

式中，G_{ij} 为 i 城市 j 部门市区从业人员数量；G_i 为 i 城市市区从业人员数量；G_j 为全国 j 部门从业人员数量；G 为全国总从业人员数量，m 和 n 分别表示城市总数和部门数量。若 $LQ_{ij} > 1$，则 i 城市 j 部门存在外向功能量，若 $LQ_{ij} < 1$ 则 i 城市 j 部门不存在外向功能量，即此时 $E_{ij} = 0$。

i 城市 j 部门的外向功能量 E_{ij} 为：

$$E_{ij} = G_{ij} - G_i \ (G_j/G) \tag{5-2}$$

城市 n 个部门总外向功能量 E_i 为：

$$E_i = \sum_{i=1}^{n} E_{ij} \tag{5-3}$$

（二）基于区位熵的闽新轴带城市等级

2003 年，闽新轴带城市产业区位熵中，武汉市区位熵最高、西安市次之，乌鲁木齐市位于第三，福州市、兰州市、南昌市分别列于第四、第五、第六，副省级城市厦门居于第七。省会城市作为区域内的政治、经济和文化中心，具有较强的集聚和辐射能力，城市产业发展明显领先于一般地级城市。从城市职能规模上看，武汉市的职能规模居于闽新轴带首位，其职能规模高达131.78 万人；第二为西安市，其职能规模为 105.34 万人，整体上，武汉市与西安市的差距相对其他城市较小；第三为厦门市，其城市职能规模与武汉市及西安市差距较大，为 54.07 万人。根据城市职能规模，将闽新轴带城市等级划分为四个等级，第一等级为武汉市和西安市，其城市职能规模在 100 万人以上，第二等级为厦门市、兰州市等省会及副省级城市，作为区域省会中心城市，其职能规模在 35 万人以上；第三等级为伊犁市等 13 个城市，这些城市较强和较专业化的优势产业，具备较好的发展条件，其职能规模在 10 万人以上；其余城市为第四等级城市（见表 5 -6）。

表 5 -6　基于 2003 年城市职能规模的闽新轴带城市等级

等级	城市
第一等级	武汉、西安
第二等级	厦门、兰州、乌鲁木齐、福州、南昌
第三等级	伊犁、新余、泉州、襄阳、宝鸡、宜昌、莆田、咸阳、十堰、黄石、鄂州、喀什、昌吉
第四等级	巴音郭楞、阿克苏、荆州、天水、克拉玛依、九江、白银、萍乡、铜川、漳州、塔城、龙岩、荆门、随州、景德镇、和田、三明、抚州、汉中、渭南、孝感、赣州、吐鲁番、南平、吉安、武威、金昌、宜春、嘉峪关、阿勒泰、咸宁、安康、哈密、延安、上饶、榆林、博尔塔拉、张掖、宁德、克孜勒苏、平凉、商洛、酒泉、定西、庆阳、鹰潭、黄冈、临夏、甘南、陇南、恩施

2015 年，闽新轴带城市产业区位熵总体格局变化不大，西安市和武汉市分别居于前二，并且较大幅度领先于其他城市，其中西安市反超武汉市，居于首位；第三由乌鲁木齐市转变为厦门市，由于厦门市位于东部沿海地区，具有较好的政策和区位条件，发展迅猛，福州市、南昌市、兰州市和乌鲁木齐市等省会城市排于厦门市之后，总体上，高等级城市普遍高于普通城市区位熵的格局未发生改变。从城市职能规模上看，西安市、武汉市和厦门市分别居于前三，其职能规模分别为 154.89 万人、177.93 万人和 131.04 万人。根据职能规模划分闽新轴带城市等级发现，第一等级为西安市、武汉市和厦门市，城市职能规模均在 100 万

人以上，西安市实现了对武汉市的反超，厦门市进入到第一等级之中；第二等级依旧为剩余省会城市，但排名发生了变化，南昌市和福州市发展较快，分别位于第四和第五，第二等级城市规模也具有较大提升，均在 50 万人以上；第三等级城市为普通地级市，但相比 2003 年，其城市数量迅速增加，从 13 个增加至 25 个；而最低等级城市规模数量相对减少（见表 5 - 7）。

（三）闽新轴带城市职能特征

以《国民经济行业分类与代码》（GB/4754—2011）行业分类为基础，工业包括采矿业、制造业、电力燃气及水的生产和供应业、建筑业。服务业划分为三类，生产性服务业（包括金融业、租赁和商务服务业、交通运输仓储和邮政业、信息传输计算机服务和软件业、科学研究和技术服务业），生活性服务业（包括批发和零售业、住宿和餐饮业、居民服务修理和其他服务业、文化体育和娱乐业、房地产业），公共服务业（包括教育、卫生和社会工作、水利环境和公共设施管理业、公共管理社会保障和社会组织）。

表 5 - 7 基于 2015 年城市职能规模闽新轴带的城市等级

等级	城市
第一等级	西安、武汉、厦门
第二等级	南昌、福州、乌鲁木齐、兰州
第三等级	十堰、莆田、伊犁、襄阳、泉州、宜昌、孝感、宝鸡、喀什、鄂州、咸阳、黄石、昌吉、抚州、阿克苏、赣州、克拉玛依、漳州、荆州、荆门、萍乡、上饶、巴音郭楞、天水
第四等级	渭南、临夏、九江、新余、白银、龙岩、景德镇、和田、铜川、黄冈、宁德、汉中、塔城、金昌、南平、延安、咸宁、随州、榆林、庆阳、武威、三明、吐鲁番、宜春、哈密、安康、吉安、甘南、嘉峪关、阿勒泰、博尔塔拉、商洛、张掖、克孜勒苏、平凉、酒泉、定西、鹰潭、陇南、恩施

工业职能规模大，采矿业、建筑业专业化提升，能源及水的供应相对稳定、制造业下降。闽新轴带工业职能地位较高，2003年和2015年职能规模分别为469.3万人和753.4万人，分别占总职能的52.9%和52.6%，远远高于服务业的比重，总体来看，2003~2015年，工业职能呈现出微弱的弱化等态势。工业内主要职能部门，2003年为制造业职能相对较强，比重较大，但2015年，采矿业和建筑业的城市职能大幅上涨，制造业的城市职能比重下降幅度较大。这一方面由于闽新轴带区域幅度大，地区的资源开发强度逐步提升，使得采矿业的发展优势明显；另一方面，随着社会经济的发展，城市和基础设施的建设大大拉动了建筑业的发展，使得建筑业的职能规模大幅上升。但电气燃气和水的生产和供应业的增幅最小，从2003年的0.059增加到2015年的0.065，随着城市建设的发展和城市规模的扩大，该行业必然也会随之上升。

服务业职能规模较小，信息、房地产、教育、卫生、社会保障和社会福利业、公共管理和社会组织专业化水平提升，批发、交通运输、住宿餐饮、金融业及文体减低。2003~2015年，闽新轴带城市服务业职能总体上呈微弱强化趋势，其中，生产性服务业和生活性服务业强化，公共服务业职能相对弱化。2003年闽新轴带服务业比重为47.1%，公共服务业比重最大，为0.257，而生产性服务业和生活性服务业的比重分别为0.122和0.92，公共服务业体现出较强势的地位。分析发现，由于产业化的推进使得教育的职能规模较大，并且比重较大幅度领先其他城市，成为贡献最高的行业。2015年公共服务业比重下降为0.239，而生产性服务业和生活性服务业分别上升为0.132和0.102。其中，生产性服务业上升的主要贡献为信息产业、金融和商业租赁发展较快，提升均在0.7%以上；而生活性服务业的提升主要依赖于房地产业的快速发展，其增幅高达0.12%（见图5-1）。

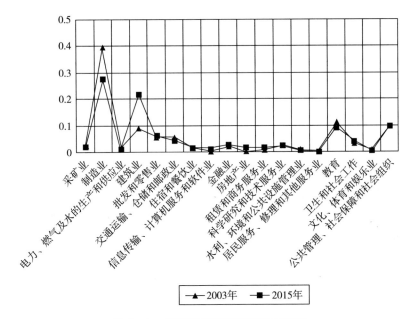

图 5 - 1　闽新轴带城市职能特征演变

（四）闽新轴带中心城市职能分析

1. 福州市

2015 年福州市的城市职能规模为 89.8 万人，制造业和建造业的职能规模巨大，分别为 18.1 万人和 31.4 万人，批发和零售业的规模也在 6 万人以上，公共服务业和教育的规模居于第四和第五，规模在 4 万人以上，福州市的城市职能主要以工业制造、物流中心、公共服务和科教中心为主。

2. 南昌市

南昌市的城市职能与福州市较为类似，制造业、建造业规模大，批发零售、公共服务和教育产业比重较大，是区域的工业中心、物流中心、科教和服务中心。

3. 武汉市

武汉市的工业和建筑业规模依旧较大，但批发和零售、金融、卫生、科研、教育、公共管理和交通职能规模在 7 万人以上，武汉市成为闽新轴带大型综合型服务业城市。

4. 西安市

西安市除建筑业和制造业外、批发和零售业、交通、科研、教育职能规模均在 10 万人以上，此外，卫生、金融、商业、公共管理职能规模也与武汉市规模相当，总体上，西安市与武汉市类似，是区域的大型综合型服务业城市。

5. 兰州市

兰州市的城市职能规模较小，其中以建筑业和制造业规模较大，其他产业规模较小，公共管理和教育也具有一定的规模，是城市职能以工业为主，以管理和教育为辅的中心城市。

6. 乌鲁木齐市

乌鲁木齐市作为新疆绝对的中心性城市，其制造业、建筑业、交通运输、公共管理职能较强，城市职能以区域工业、交通物流和服务中心为主。

三、闽新轴带产业发展不充分分析

闽新轴带产业随着时间的推移取得了明显的进步，但依然存在着一些问题。

（一）城市职能规模等级较低

闽新轴带城市等级发展不充分，高等级城市主要为省会城市，在长条形的闽新轴带中缺乏省域性中心城市的带动作用，从城市等级上看，第一和第二等级城市除厦门市外，均为省会城市，2018 年第三等级城市虽然比重和数量均呈明显上升趋势，但其职能规模也与前二等级相差大，缺乏发展基础，因此，壮大闽新轴带潜力城市的产业发展是一个重要的发展任务。

（二）中心城市规模差异大

闽新轴带中的省会城市是区域内的中心城市，但区域之间呈现出显著的不平衡性。从职能规模上看，西安市和武汉市的规模大幅领先于其他城市，其城市规模分别达到 177 万人和 154 万人，而最低的乌鲁木齐市和兰州市仅有 66 万人和 53 万人。区域之间的差异较为明显，尤其是西北地区，由于经济发展程度较低且受自然条件的限制，其城市职能规模明显小于其他省会城市。

（三）城市职能相似性较高

闽新轴带城市专业化程度较低，城市之间的职能类似。总体上，闽新轴带大多城市以制造业和建筑业为主，区域之间的竞争有余和分工合作不足，中心城市也存在职能类似的情况，武汉市和西安市的职能类似，都以大型服务业为主，而兰州市与乌鲁木齐市、南昌市与福州市之间的城市职能类似，竞争也较为明显，区域缺乏分工和合作。

四、闽新轴带城市职能产业发展对策建议

（一）把握国家发展战略，发挥区域发展优势

闽新轴带跨过长江经济带连接陆路和海上丝绸之路，而"一带一路"倡议和长江经济带发展战略是我国的重大发展规划，闽新轴带连接我国两大区域发展战略，其城市发展大有可为。闽新轴带整体上要制定合理的发展规划，对接"一带一路"发展建议和长江经济带战略，轴带内城市要合理制定发展规划，融入其中。

（二）立足城市发展优势、制定高效发展规划

中心城市定位不同，其城市职能也必然不同，但闽新轴带存在职能趋同的现象，则势必导致区域的恶性竞争和"诸侯"经济的兴起，中心城市应立足区域发展优势，制定高效的发展规划，如乌鲁木齐市是新疆绝对的中心城市，也是丝绸之路走向中亚的大本营，乌鲁木齐市要立足丝绸之路这一发展实际，制定开放性的发展战略，加强与中亚各国的联系交流，使其区位优势发挥出效果。

（三）建立区域协调机制，加强区域协同发展

闽新轴带城市存在恶性竞争，区域之间要建立长效的协调机制，建立合理的区域分工合作体系，在现有的产业体系条件下，大力推进产业结构调整。目前，建筑业和制造业依然占据较大比重，其他产业发展较慢，要促进现代服务业的发展，同时推进区域服务业合作发展，拓展服务业开放合作领域，开展现代商贸物流、文化创意等行业合作，重点发展信息服务、服务外包及特色旅游业等新兴服务业。城市之间制定合理的发展规划，避免恶性竞争，以产业合作促进区域发展。

第三节　闽新轴带基础设施发展不充分

一、研究方法

（一）社会网络分析方法

本节采用社会网络分析方法来测度闽新轴带城市网络联系密度和节点规模，主要涉及以下两个指标。

1. 城市网络联系密度

城市网络联系密度指城市网络中城市间实际连接数占最大可能连接数的比重，其公式如下：

$$D = \frac{L}{n(n-1)} \tag{5-4}$$

式中，D 为网络联系密度；L 为城市之间实际存在的连接数；n 为城市网络中节点的个数。

2. 网络中心度

网络中心度指的是一个节点在网络中处于核心地位的程度，

用网络中心度可测量城市网络中的节点规模状况，其公式如下：

$$C_D(n_i) = \sum_{j=1}^{n} X_{ij} \qquad (5-5)$$

式中，$C_D(n_i)$ 指网络中心度；X_{ij} 为 i、j 两节点间的联系强度。

（二）平均可达性

本节采用平均可达性测度闽新轴带中心城市可达性演变格局，平均可达性是指特定交通系统下评价城市到其他中心城市的时间测度，其公式如下：

$$A_i = \sum_{i=1}^{n} T_{ij}/n \qquad (5-6)$$

式中，A_i 为城市 i 的平均可达性；T_{ij} 为 i 城市到 j 城市的最短交通用时；n 为铁路网络中除选定城市之外的城市总数。

二、闽新轴带可达性铁路网络演变

基于闽新轴带地级行政单元铁路班次，联系网络 2002 年、2010 年和 2018 年的矩阵数据，利用 Ucient 6.0 中的 Net‑Draw 程序生成铁路联系密度的可视化网络拓扑结构图，通过 Analysis 中的 Centrality Measures 功能将网络中心度的值赋予到节点中，并以不同大小显示，计算闽新轴带城市班次联系密度，分析闽新轴带铁路网络的联系程度。理论上闽新轴带 71 个城市两两存在铁路班次的联系，那么闽新轴带的拓扑结构图中将有 4970 条联系，由于部分城市之间不存在列车联系数据，则可通过实际连线来测度网络密度。

2002 年闽新轴带实际共有 637 条列车联线，其联系密度为 12.89%，根据中心度设定节点大小，发现武汉市的节点最大，为轴带内核心节点，西安市、安康市、南昌市、渭南市、鹰潭市的节点规模也位居前列，乌鲁木齐市和福州市虽为省会城市，但由于区位因素和铁路设施发展的限制，规模相对较小；铁路枢纽

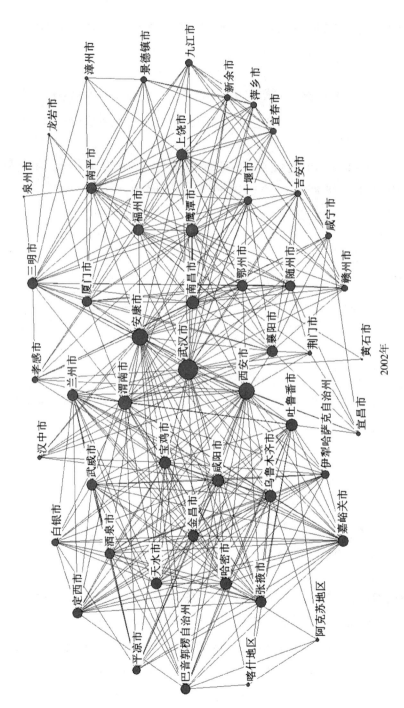

图 5-2 闽新轴带城市列车网络联系

2002年

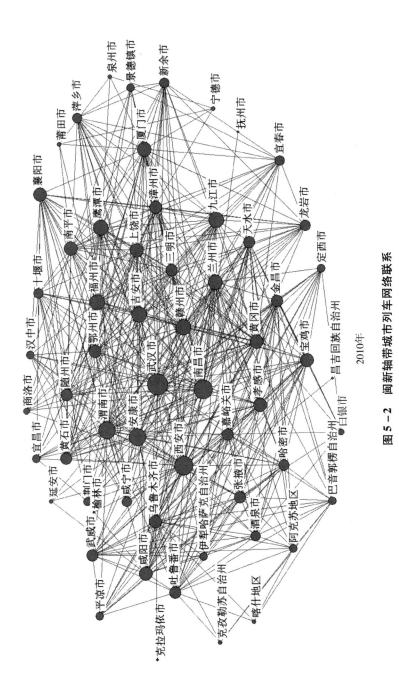

图5－2　闽新轴带城市列车网络联系

2010年

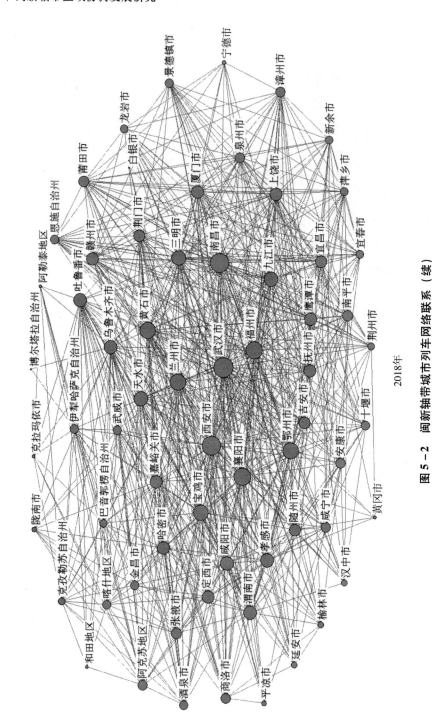

2018年

图5-2　闽新轴带城市列车网络联系（续）

规模相对较大，如安康市、鹰潭市等城市甚至超过乌鲁木齐市等重要节点城市。2010 年闽新轴带实际共有 962 条列车联线，其联系密度为上升，至 19.37%，从节点规模上看，武汉市、西安市、南昌市的规模为前三，兰州市的节点规模上升较快，成为第四，福州市和乌鲁木齐市的节点规模也快速增大。2018 年闽新轴带实际联系上升至 1488 条列车联线，其联系密度为 29.94%，在节点规模方面，武汉市、南昌市、西安市、福州市和兰州市已牢牢占据前五的榜单，轴带内铁路枢纽特别是高铁时代的枢纽节点规模扩大迅速，如上饶市和鹰潭市等城市进入前十榜单，乌鲁木齐市受制于铁路基础设施发展不充分和地理区位的限制，其发展规模远小于其他五个省会城市，相对于其他铁路枢纽城市也具有一定的差距。总体而言，闽新轴带铁路联系密度发展较快，从 2002 年的 12.82% 上升至 2018 年的 29.94%，高铁的发展促进闽新轴带省会城市和枢纽城市的发展，乌鲁木齐市等相对偏远的城市受制于区位和基础设施发展水平的限制，节点规模相对较小，发展不够充分。

三、闽新轴带铁路网络层级演变

为分析闽新轴带城市铁路联系网络的宏观格局演变及其空间组织细节，对铁路网络进行无向化处理，根据组间最大、组内最小的分类原则，进行可视化分析得到图 5 - 3。

第一层级反映了紧密关联区域和城市组团，2002 年闽新轴带中昌九双核、南昌—鹰潭、新宜萍、西安—宝鸡间的联系紧密，紧密关联区域主要分布在省域内。2010 年，江西的京九线、沪昆线城市联系明显，武汉市与周边城市联系网络加强、并出现了襄阳—十堰的联系对，西北地区关中—天水经济区联系骨架明显。2018 年江西纵向联系减弱，但北部环鄱阳湖城市群联系加强，并与江西"一圈两区"发展战略吻合；武汉都市圈的联系具有一定规模，受益于高铁网络的建设，福建海西经济区核心区域的铁路联系骨架明显。

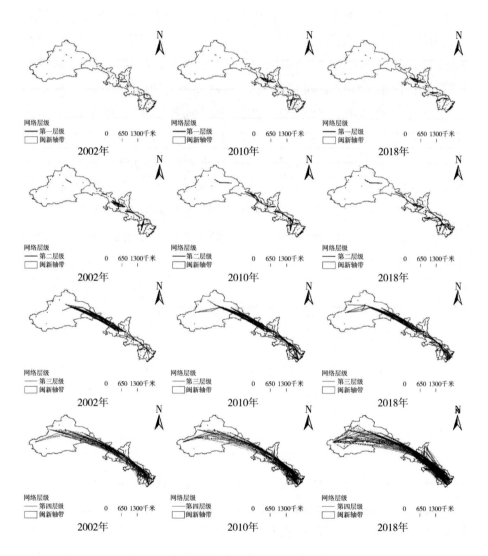

图 5-3　闽新轴带铁路网络联系层级结构演变

第二层级铁路网络的演化反映了城市群结构组织之间的拓展，并能较清晰地识别交通运输大动脉。2002 年，基于铁路网络联系的第二层级网络显示了西兰客运专线、京九和沪昆等大动脉。2010年，长江中游城市群间的客运联系网络骨架扩展明显，核心城市之间的联系得到明显的加强，关中—天水经济区及兰西城市群的铁路网络骨架清晰，两者之间的联系强度增强。2018年，受益于向莆高铁的修建，江西和福建之间的铁路联系网络明显加强，向莆铁路沿线城市联系明显加强。此外，新疆的乌鲁木齐市与吐鲁番市的联系较强，但可以明显看出来的是闽新轴带的直达铁路发展明显受限，区域之间断节现象明显。

第三层级属于联系较低层级，日联系班次数量较为一般。2002年西北地区的联系密度和网络明显高于中东部地区。2010年，东部和中部地区的铁路联系网络密度得到明显加强，2018年，中部和东部与西部之间的差距进一步缩小。总体上，西北地区以乌鲁木齐—兰州—西安为核心的城市组团之间联系密度大，而东部地区以武汉—南昌—福州为核心的轴带联系也十分紧密，但轴带东西部之间的联系相对较弱，特别是武汉—西安的核心城市间的联系处于第三层级，两者之间的联系不够紧密。

第四层级为上一层级关联格局的进一步细化，能反映更多空间关联格局的细节特征。第四层级反映了闽新轴带的整体联系，轴带整体之间的联系网络进一步加密，共同构成了闽新轴带铁路网络的基本关联格局，实现了东西双向互通。受益于"一带一路"的推动，新疆和福建的城市网络结构和密度得到明显拓展。

四、闽新轴带铁路可达性水平演化

根据公式计算得到的闽新轴带城市2002年、2010年和2018年到达省会中心城市的可达性演变，如图5-4所示，下面对闽新轴带城市的可达性水平时空格局演变进行分析。

闽新轴带区域整体可达性得到较为明显的改善，2002年、2010年和2018年的值域区间分别为（18.1，60.5）、（15.1，

55.6）和（9.6，50.1）小时，平均可达性改善较为显著。闽新轴带地跨中国三大区域，从区域上看，2002年东部的可达性为33.2小时、中部为22.1小时、西部为31.8小时，中部的可达性明显优于东部和西部地区；2010年的可达性与2002年较为类似，东部、中部和西部地区分别为25.8小时、19.4小时和26.9小时；2018年，中部和东部地区可达性提升明显，其平均可达性分别缩减至13.2小时和16.9小时，西部地区仍改善较小，为22.8小时。总体上，中部地区由于地理居中性的原因，可达性明显好于东部和西部两端；而东部地区由于经济发展水平较高，人口密度大，对铁路的需求旺盛，因此牢牢把握住高铁发展的机遇，在

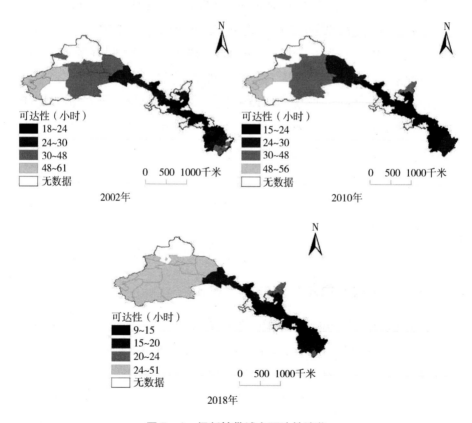

图5-4　闽新轴带城市可达性演化

2010～2018 年这一时期可达性得到了明显的提升，利用高铁网络缩小了与中部地区的平均可达性差距。从省域上看，闽新轴带可达性改善程度差别较大，其中改善程度最大的是福建，为 16.3 小时；改善程度最小的是陕西，为 7.1 小时；整体上闽新轴带可达性改善程度排位为福建 > 新疆 > 甘肃 > 江西 > 湖北 > 陕西，改善程度分别为 16.3 小时、11.4 小时、9.8 小时、9.1 小时、8.3 小时、7.1 小时。从城市上看，行政等级越高城市可达性改善程度也越高，副省级城市平均可达性改善为 13 小时、省会城市可达性改善为 12.4 小时，地级市平均可达性改善为 10.2 小时。副省级城市与省级城市之间的可达性改善程度差距不大，而地级市与副省级城市和省会城市之间的差距较大，这主要是由于高铁布局与建设作为一种国家铁路规划会优先向中心城市倾斜，地级市的重要程度相对较低，因此其可达性改善程度相对较低。

五、闽新轴带省会城市一日交流圈演变分析

一日交流圈是以 1 日为周期的经济高度联系地区，属于都市圈的划分范畴。省会城市作为省域交通枢纽，可达性的提升会大幅扩展其一日交流圈范围。本节选取闽新轴带省会城市为案例，分析可达性提升对中心城市的一日交流圈空间拓展的影响，探讨闽新轴带内一日交流圈的演变状况。

（一）闽新轴带中心城市一日交流圈扩张类型分析

一日交流圈定义为以某一中心城市为出发点，采取公共交通的方式出行且为单程 2 小时及以内可到达的范围。以闽新轴带中心城市到达全国地级市的时间距离为指标，提取出闽新轴带中心城市 2002 年、2010 年和 2018 年 3 个时间段的一日交流圈范围，以此为基础分析中心城市一日交流圈演变及特征。

2002～2018 年闽新轴带省会城市可达性得到明显的提升，前一时期可达性提升速度较为缓慢，而后一时期由于高铁网络的建

设，可达性提升速度明显加快。从城市来看，武汉市的可达性最佳，而乌鲁木齐市的可达性最差，2018 年可达性排行为武汉 > 西安 > 南昌 > 福州 > 兰州 > 乌鲁木齐，可达性提升最大的省会城市为福州市的 18.6 小时。总体来看，普通铁路网络的完善对中心城市可达性提升具有一定的促进作用，但高铁网络的建设对闽新轴带中心城市的可达性均有明显的提升效果，其中福州市的可达性提升效果最明显，闽新轴带中部地区的省会城市到达其他中心城市的可达性要优于其他地区的城市，乌鲁木齐市受到自然、区位和经济等条件的限制，加上高铁发展缓慢，可达性提升效果整体不够明显。

表 5 – 8　闽新轴带中心城市可达性均值演变　　　　单位：小时

城市	2002 年	2010 年	2018 年
武汉	18.25	15.67	9.32
西安	20.33	19.36	11.15
南昌	21.94	20.94	12.61
福州	35.40	30.37	16.80
兰州	27.94	24.51	16.87
乌鲁木齐	49.72	46.96	38.24

武汉市到全国其他省会城市的可达性最好，2002 年为 18.25 小时，2010 年缩减至 15.67 小时，到了 2018 年更降至 9.33 小时。武汉市位于中部地区，靠近全国地理中心，号称"九省通衢"，是中国重要的交通枢纽城市，交通便利，加上高铁网络的完善，武汉市到达其他省会的可达性水平提升更加明显。

西安市的可达性居于其次，2002 年、2010 年和 2018 年的可达性分别为 20.33 小时、19.36 小时和 11.15 小时。西安市作为连接西部和中部的交通枢纽，普通铁路网络下交通基础设施的完善对可达性的提升并不明显，8 年仅提升约 1 小时；随着高铁网络的全面铺开，西安市受益于高铁网络，可达性有明显的提升，8 年来提升 8.21 小时。总体上西安市可达性较好且提升较为明显。

南昌市的可达性位于轴带第三，其演变情况与西安市类似。2002 年、2010 年和 2018 年的可达性分别为 21.94 小时、20.94 小时和 12.61 小时，高铁网络相比普铁网络对南昌市的可达性提升效果明显，加上南昌市位于闽新轴带中部，铁路网络密度较大，可达性较好。

福州市的可达性提升最快，居于第四，2002 年福州市的可达性为 35.40 小时，为轴带内倒数第二，仅好于乌鲁木齐市；2010 年福州市的可达性为 30.37 小时，普铁网络的完善仍然使福州市落后于兰州市；2018 年，随着高铁网络的发展，福建抓住高铁建设的机遇大力发展高铁建设，福州市的可达性大大提升，为 16.80 小时，超越兰州市居于第四。总体上看，福州市的可达性排名偏低，地理区位的限制使可达性表现出与经济发展水平不匹配的状态，但福州市可达性总体提升 18.60 小时，为轴带内省会城市首位。

兰州市的可达性居于倒数第二，2002 年、2010 年和 2018 年的可达性分别为 27.94 小时、24.51 小时和 16.87 小时，兰州市位于新疆通往我国东部地区的关键节点上，也是东西交流的中转站，2002 年和 2010 年的可达性均优于福州市，但受到地形条件的限制，高铁的建设发展要落后于福建地区，使得福州市的可达性在 2018 年超越兰州市。

乌鲁木齐市可达性最差，2002 年、2010 年和 2018 年的可达性为 49.72 小时、46.96 小时和 38.24 小时，可达性均在 30 小时以上。新疆位于我国西北边境，受地形、区位和经济条件的限制，与国内其他省会城市的交流相对较少，高铁对乌鲁木齐市的可达性提升具有一定的促进作用，但由于新疆高铁里程短、车速慢，其提升效果仍不够明显。

总体上看，普通铁路网络的完善对中心城市可达性提升具有一定的促进作用，高铁网络的建设对闽新轴带中心城市的可达性均有明显的提升效果，其中，福州市的可达性提升效果最明显，在高铁网络的促进下可达性在 2018 年成功超越兰州市；位于闽新轴带中部地区的省会城市到达其他中心城市的可达性要优于其他地区的城市，新疆受到自然、区位和经济等条件的限制，加上高铁发展缓慢，可达性提升效果整体不够明显。

以 2002 年的一日交流圈城市数量为基础，2010 年和 2018 年城市数量均在 4 个以下，为基本稳定型；2010 年在 4 个以上，2018 年在 10 个以内，为稳定增长型；2010 年在 4 个以上，2018 年在 20 个以上，为快速扩张型。

基本稳定型的中心城市主要包括兰州和乌鲁木齐两个城市，兰州市在 2002 年和 2010 年的一日交流圈为 3 个城市，直到高铁开通后的 2018 年才获得一定的增长；乌鲁木齐市长期以来的一日交流圈城市变化小，2002~2018 年净增加吐鲁番一个城市，即使是高铁的开通也未能有所促进。稳步增长型城市为福州，2002 年福州市由于铁路线路单一，一日交流圈城市范围小，在铁路逐渐完善和高铁全面铺开之际，福州市的一日交流圈与之同步增长，2018 年也达到了 10 个城市。快速增长型城市主要包括武汉市、西安市和南昌市 3 个城市，这些城市高速列车开通时间早，2010 年已有多列高铁动车始发或途经，武汉市更是在 2010 年便有近 80 列高铁途经，到了 2018 年其一日交流圈范围城市数量均在 10 个以上，其中，武汉市 24 个、南昌市 16 个、西安市 11 个。较早的高铁网络覆盖大大促进了其一日交流圈的扩张，对加强区域联系具有重要的作用。

（二）中心城市一日交流圈范围分析

1. 武汉市

武汉市一日交流圈在 2002 年主要为以武汉市为中心包括黄

石、鄂州和孝感等 6 个城市的周边城市；随着武汉市到上海市、北京市和合肥市等地动车的开通，一日交流圈城市又增加了岳阳市、合肥市、信阳市等成员，2010 年扩大至 11 个地级市。2010年以来，高铁网络建设加快并日益完善，我国高铁网络由四横四纵向八横八纵发展，武汉市的高铁列车数量大幅增加、高铁列车始发或途经由 75 次大幅增加至 484 次，武汉市的一日交流圈城市数量也得到大幅增加，2018 年发展至 24 个，高铁网络的完善使武汉市的一日交流圈向长沙市、合肥市、郑州市方向扩张明显。

2. 西安市

西安市的一日交流圈范围早期变化较小，2002 年西安市的一日交流圈主要包括西安、咸阳、宝鸡和渭南四市。2010 年西安市至郑州市的高速列车开始运行，西安市的一日交流圈开始向东扩张，洛阳市和郑州市成为西安一日交流圈的城市范围。2018 年西安市的一日交流圈范围更加扩大，表现出以东西方向为主的扩张特征，东方向的临汾、运城、三门峡，西方向的天水等城市纳入一日交流圈内；省内如汉中等城市开始成为一日交流圈城市范围。

3. 南昌市

南昌市的一日交流圈早期以省内城市为主，2002 年的一日交流圈包括南昌、九江、鹰潭 3 市，这 3 个城市都位于江西的行政区范围内，九江市是京九铁路的重要节点，昌九双核之一；鹰潭市是浙赣铁路、皖赣铁路和鹰厦铁路的交汇节点。2010 年，南昌市的一日交流圈范围扩大到 5 个城市，宜春和新余等赣西城市加入到一日交流圈，但其范围仍局限在江西行政区划之内。2018年，南昌市一日交流圈由 5 个城市迅速扩大到 16 个城市，2016年 12 月 28 日沪昆高铁全线通车使南昌市一日交流圈突破江西省界限，南昌市的一日交流圈又囊括了浙江的衢州、金华，湖南的长沙、株洲和湘潭等城市。2017 年武九客运专线的开通使其一日交流圈延伸至湖北的黄石、鄂州、武汉等城市，同时，省内城市的一日交流圈范围也更加扩大。

4. 福州市

福建市受历史、地形和区位条件的限制，铁路网络的发展长期处于落后局面。2002 年，福州市的一日交流圈仅包括福州市，此时期，福州市仅通过一条外福铁路与外界交流。2010 年，福建的铁路有所发展，福州市的一日交流圈开始向西南部方向扩张，厦门、莆田、泉州等城市成为福州市的一日交流圈。2018 年，向莆铁路、合福高铁及东南沿海客运专线的开通使福州市的一日交流圈范围突破省界并大幅扩张，一日交流圈城市增长至 10 个，省内及省际联系大大增强。

5. 兰州市

兰州市位于兰新线重要的交通节点上，2002 年其一日交流圈包括兰州、定西和白银 3 个城市，基础相对较好。至 2010 年，兰州市的一日交流圈仍处于原地踏步状态。2018 年，兰州市的一日交流圈范围有较明显的扩张，城市数量由 3 个增长至 7 个，包括兰州市、白银市、定西市、天水市、海东市、西宁市、宝鸡市，2017 年铁路列车运行调整，增开了开往西宁市的动车和开往西安市的高铁，扩张了兰州市的一日交流圈。

6. 乌鲁木齐市

乌鲁木齐市位于西北内陆，该地区沙漠广袤，城市距离较远，铁路交通基础设施较差。2002 年，乌鲁木齐市一日交流圈仅为其一个城市；2010 年，由于铁路运行速度的提升，乌鲁木齐市一日交流圈增加了吐鲁番市；2018 年，乌鲁木齐市的一日交流圈仍为乌鲁木齐和吐鲁番两个城市，虽然 2014 年新疆乌鲁木齐开通了首列高铁，但由于城市距离太远，车次数量少，对其一日交流圈的扩张未能起到有效的促进作用。

城市的一日交流圈拓展受到铁路基础设施本底和高铁的影响十分显著。兰州、福州和乌鲁木齐等城市受各种因素限制，原有铁路路网发展较慢，前一段时期的一日交流圈范围增长慢，且在原有铁路网的基础上，中心城市的一日交流圈很难突破省界；随着 2009 年我国高速铁路的陆续开通运营，城市的一日交流圈范围得到了很大的提升，武汉市的一日交流圈相比 2010 年增加了 13 个城市，2018 年更是达到了 24 个城市，高铁网络下的中心城市一日交流圈突破省级边界难度较低，武汉市、南昌市和福州市的一日交流圈已连接成片，西安市与兰州市的一日交流圈也相互交融（见表 5 - 9）。

表 5 - 9　闽新轴带中心城市一日交流圈范围

城市	2002 年	2010 年	2018 年
武汉	武汉、黄石、鄂州、孝感、咸宁、随州	武汉、黄石、鄂州、孝感、襄阳、咸宁、随州、岳阳、合肥、六安、信阳	武汉、黄石、黄冈、宜昌、襄阳、鄂州、孝感、荆州、咸宁、随州、长沙、株洲、湘潭、岳阳、衡阳、南昌、九江、合肥、六安、郑州、许昌、漯河、信阳、驻马店
西安	西安、宝鸡、咸阳、渭南	西安、宝鸡、咸阳、渭南、洛阳、郑州	西安、宝鸡、咸阳、渭南、汉中、运城、洛阳、三门峡、临汾、郑州、天水
南昌	南昌、九江、鹰潭	南昌、九江、新余、宜春、鹰潭	南昌、九江、新余、宜春、鹰潭、抚州、萍乡、上饶、武汉、黄石、鄂州、衢州、金华、长沙、株洲、湘潭
福州	福州	福州、厦门、莆田、泉州	福州、厦门、莆田、泉州、漳州、宁德、温州、三明、南平、上饶
兰州	兰州、白银、定西	兰州、定西、白银	兰州、白银、定西、天水、海东、西宁、宝鸡
乌鲁木齐	乌鲁木齐	乌鲁木齐、吐鲁番	乌鲁木齐、吐鲁番

六、闽新轴带铁路网络发展不充分分析

2002～2018 年，我国铁路网络经过多次列车运行调整和提速，并实施了大规模的高铁建设，全国许多城市的可达性均有大幅提升。但闽新轴带的铁路网络与可达性还存在着发展不平衡不充分的问题。

（一）闽新轴带网络层级发展不均衡

闽新轴带铁路网络层级发展不均衡，我们将一二层级铁路网络合并为高层级网络进行分析。东部地区已经形成了厦门—福州—泉州—漳州—莆田为关键节点的省域发展轴，并通过向莆铁路，形成了一条以南昌—福州为双核的省际发展轴线。中部地区，江西以南昌市为核心节点、以京九线和沪昆线初步形成了十字形生产力轴带，具有纵贯南北、承东启西的联系能力格局，并与江西"一圈引领、两轴驱动"的发展战略十分吻合；湖北高层级网络基本形成了以武汉市为中心的" ＞ "形结构，宜昌—荆州之间也形成了副省域城市的强联系。西北部地区形成了以西安—兰州为双核中心的联系层级结构，陕西高层级网络相对复杂，形成了以西安市为中心的辐射结构；甘肃形成了以兰新线轴向为主的高层级格局，其网络结构是较为单一的轴线；而新疆仅依靠兰新线才形成了乌鲁木齐—哈密—吐鲁番 3 城市连接的高层级单一格局。整体上东中部地区高层级网络结构具有较高的复杂性，且省际之间通过重要通道紧密相连，形成了省内—省际的高层级复杂网络一体化格局，而西北部的新疆和甘肃的高层级网络结构发育更为单一，还停留在点—轴核心轴线发展阶段。闽新轴带高层级网络发展水平整体上呈东中部向西北部下降的不均衡格局。西北部地区深居内陆，尤其是甘肃和新疆位于胡焕庸线以西，气候条件相对恶劣，人口较为稀少且经济发展水平相对较低，导致了核心城市等级规模较低。核心城

市发育不足使得生产力通道发展驱动力不足，这又致使其高层级网络发育必然低于东中部地区。

（二）闽新轴带城市发育不均衡

首先，闽新轴带城市可达性及列车规模发育均呈现明显的不均衡（见图 5 - 5）。发展至 2018 年，东中西部地区城市可达性受到列车提速及高铁网络的建设，均呈现较为明显的上升。但总体上东中部地区城市可达性的差距相对下降，西部地区可达性虽有提升，但与中部地区的可达性差距并未缩小，且与东部城市的可达性呈扩大趋势。以福州市和乌鲁木齐市为例，2002 年两者到达全国省会城市的时间分别为 35.4 小时和 49.72 小时，相差 14.32 小时；2018 年，两者的可达性分别为 16.8 小时和 38.24 小时，相差 21.44 小时。其次，闽新轴带城市的车次规模明显不均衡，城市节点规模存在明显差距（见图 5 - 6）。以胡焕庸线为界，东部集中了 13 个高等级节点中的 12 个，一级节点均分布在胡焕庸线以东；二级节点在西部仅兰州一个城市进入高等级节点序列；三级节点在西部也仅占 26.9%，东西之间节点规模差距明显。此外，在闽新轴带城市铁路网络还存在着游离于铁路网络之外的孤立点，如甘南自治州、临夏自治州和庆阳市等 6 个西北部城市尚未通过铁路连接到铁路网络中来。

（三）闽新铁路主轴带尚未形成

闽新轴带作为连接"一带一路"最便捷的通道，有利于连通我国对外开放的两扇大门，两端分别为闽台和新疆两大地缘政治环境敏感区，推进闽新轴带建设有利于民族复兴和民族团结；同时轴带地跨东中西三区，轴带的建设和发展能促进东中西部协调发展。闽新铁路是闽新轴带发展重要的支撑载体，闽新铁路主轴带的形成能大大促进经济要素的自由流动，从而形成"陆海内外联动，东西双向互济的开放格局"。

然而，闽新铁路主轴带尚未形成，出现明显断节现象。主要

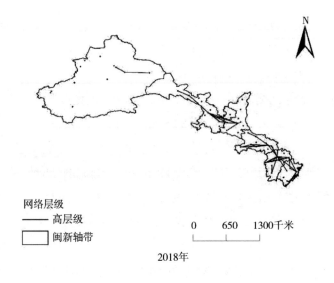

网络层级
—— 高层级
☐ 闽新轴带

0   650   1300千米

2018年

图5-5　闽新轴带高层级网络

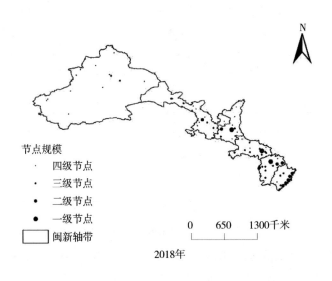

节点规模
·　四级节点
·　三级节点
●　二级节点
●　一级节点
☐ 闽新轴带

0   650   1300千米

2018年

图5-6　闽新轴带城市节点规模

分为福州—南昌—武汉、西安—兰州、乌鲁木齐—哈密3个主轴带，武汉和西安作为轴带内最高等级的双核中心城市，尚未形成强联系的双核结构，这也导致闽新铁路主轴带的形成缺乏引擎；

闽新高铁还没有全线贯通，西安—十堰段的高铁尚在建设之中，西安至武汉的高铁还需绕道郑州，这也削弱了西安—武汉之间的联系，乌鲁木齐和兰州之间由于距离和自然原因也未能连接起来。

七、完善闽新轴带城市可达性的建议

闽新轴带铁路网络发展仍存在不充分现象，如网络层级发展不均衡、城市发育不均衡和闽新铁路主轴带尚未形成、出现明显断节现象等问题。为提升闽新轴带的联系密度与可达性，促进闽新轴带加快形成东西连通、双向互济的格局，根据研究问题和结论特征，我们提出几点发展对策。

完善西北地区关键节点城镇在铁路交通网络中的枢纽性地位。新疆基础设施发展较为落后，应汇聚各方力量完善交通基础设施的建设，通过综合交通网络将各个城市连接起来，初步形成完整的省域综合交通网络；同时，做大以乌鲁木齐为核心城市，提升省会城市的集聚能力，以点带轴、以轴促面，通过增开高铁和列车提速等手段，提高区域可达性和对外联系；通过与兰州市和西安市加强全方位的合作，完善和增强西北网络层级，并以兰州市和西安市为跳板，加强与中部及东部沿海省份的联系。

西北地区城市发育规模较低，应抢抓"一带一路"发展机遇，利用"一带一路"等重大国家发展倡议与本区域关中—天水经济区等发展战略衔接，大力培育高等级中心城市，建立并做大增长极；以兰新线为核心发展轴线，扶持西北边缘地区、贫困少数民族地区城市的交通事业发展，并加强中心城市与周边城市之间的联系；城市之间明确区域职能分工，通过分工协作，职能互补、增强自身实力以促进区域发展。

大力贯通闽新高铁建设，建立以西安—武汉为强联系双核的轴带中心连通模式，以两者为双核连接两端城市，以建立主要城市为关键节点的闽新高铁发展轴；同时，在铁路建设中将孤立点城市连通进来，增强区域网络连接密度，促进孤立城市的对外沟通和区域发展。此外，闽新轴带六省之间加强政府合作，建立完善的多边联合工作机制，开展多层次、多渠道的区域合作，共商共建共享，共同推动闽新轴带上升为国家生产力大通道。

第六章　闽新轴带的发展挑战

第一节　闽新轴带的发展约束

一、相对较少联系的地理环境

（一）空间距离决定的较少联系

闽新轴带由新疆、甘肃、陕西、湖北、江西、福建六省连接而成，是联系陆海丝绸之路核心区（东南海疆门户福建与西北陆疆门户新疆）的最便捷大通道。闽新轴带自我国大陆最西北的省份延伸至大陆最东南的省份，甚至可以延伸至宝岛台湾，由西北向东南横跨六省，覆盖范围很大。由阿拉山口、霍尔果斯、乌鲁木齐、兰州、西安、武汉、南昌、福州、莆田等轴带核心城市连接而成的闽新轴带连线几乎与自我国东北黑河至西南腾冲的"胡焕庸线"相垂直，这意味着闽新轴带沿线覆盖了我国人口、经济、自然资源、生态环境、基础设施等一系列资源差异最大的地区。跨越区域范围如此巨大，区域之间的地理环境差异如此明显，闽新轴带各地区之间的地理联系却相对较少。

区域发展是政治、经济、文化诸方面综合作用的结果，区域发展格局是一个地缘空间竞合的动态过程，随着"一带一路"、长江经济带、京津冀协同发展的深入推进，我国的区域发展战略进入了关键调整期。并且从"一带一路"、长江经济带、京津冀协同发展的基础中不难看出，区域与区域之间较紧密的相互联系是地缘空间竞合的动态过程出现的最大前提与必要条件，跨大区域或跨省域的发展战略的提出与制定往往需要依托各区域之间已有的基本联系网络，而闽新轴带横跨我国经济、社会、人口、自然资源与条件相差最悬殊的西北与东南，距离与基础条件的差距必然会使闽新轴带内部各区域之间的联系不够紧密，而联系不够紧密不能形成网络结构，对轴带经济的发展势必是一个不可忽略的约束条件。

（二）经济基础决定的较少联系

从我国的经济发展基本区位条件来看，新疆、甘肃与陕西同属国家西部大开发战略的省份，发展重点在于实现共同富裕、加强民族团结、保持社会稳定和边疆安全；湖北与江西处在我国经济分区中的中部地区，是我国中部崛起战略的主要省份，发展目标为实现经济发展水平显著提高、发展活力进一步增强、可持续发展能力明显提升、和谐社会建设取得新进展；而福建地处我国东南沿海，位于东海与南海的交通要冲，由海路可以到达南亚、西亚、东非，是历史上海上丝绸之路、郑和下西洋的起点，自古以来就是海上商贸集散地。地处我国经济发展较为落后的西部地区的新疆、甘肃、陕西与中部地区的湖北和江西以及东南沿海的福建，距离较远，发展基础条件以及经济发展战略制定的目标与期望不同，经济联系也不够紧密。

（三）城市群定位决定的较少联系

闽新轴带所含地区包括的城市群有天山北坡城市群、兰州—西宁城市群、关中平原城市群、长江中游城市群以及海峡西岸城市群，其中长江中游城市群中的大武汉城市圈与环鄱阳湖生态经济区位于闽新轴带所含省份。

天山北麓地区是新疆经济最发达的地区，天山北坡城市群在全疆有着举足轻重的影响，是开发大西北的重点地区。兰西城市群是指以兰州、西宁为中心，主要包括甘肃的天水市、定西市和青海的海东市、海北藏族自治州等 22 个地州市的经济地带，是中国西部重要的跨省区城市群。2018 年 3 月，《兰州—西宁城市群发展规划》印发。根据规划，到 2035 年，兰西城市群协同发展格局基本形成，各领域发展取得长足进步，发展质量明显提升，在全国区域协调发展战略格局中的地位更加巩固。关中平原城市群地处中国内陆中心，是亚欧大陆桥的重要支点，是西部地区面向东中部地区的重要门户，同时也是西部地区第二大城市群，2017 年综合经济实力仅次于成渝城市群，位居内陆地区第二。贯通西部地区的南北通道和新亚欧大陆桥在此交汇，以西安市为中心的米字形高速铁路网、高速公路网将加快人口、经济要素向关中平原城市群和西安都市圈集聚。长江中游城市群是以武汉、长沙、南昌、合肥四大城市为中心的超特大城市群组合，涵盖武汉城市圈、环长株潭城市群、环鄱阳湖城市群为主体形成的特大型城市群。长江中游城市群正式定位为中国经济发展新增长极、中西部新型城镇化先行区、内陆开放合作示范区和"两型"社会建设引领区，旨在推动中国经济朝着健康稳定的方向发展。海峡西岸城市群隔台湾海峡与台湾相望，既是开展对台合作，促进和平统一的基地，又可在合作中加快发展。加快海峡西岸经济区建设，将进一步促进海峡两岸经济紧密联系，互利共赢，推进祖国统一大业。鉴于海峡西岸特殊的地理位置，国家"十一五"规划纲要明确提出，"支持海峡西岸和其他台商投资相对集中地区的经济发展"。海峡西岸城市群在国家政策的支持下，城市发展、经济合作、对台交流等都会取得更快更好的进展。

城市群是城市发展到成熟阶段的最高空间组织形式，是指在特定地域范围内，一般以 1 个以上特大城市为核心，由至少 3 个以上大城市为构成单元，依托发达的交通通信等基础设施网络形成的空间组织紧凑、经济联系紧密，并最终实现高度同城化和高度一体化的城市群体。城市群是在地域上集中分布的若干特大城市和大城市集聚而成的庞大的、多核心、多层次城市集团，是大都市区的联合体。处于不同城市群的各区域分属于不同类型同城化与一体化的紧凑群体，各城市与区域之间的联系也相对不紧密。

二、行政藩篱与民族、宗教、文化差异并存

（一）行政藩篱

1. 省域分割

规划，是融合多要素多人士看法的某一特定领域的发展愿景，即进行比较全面的长远的发展计划，是对未来整体性、长期性、基本性问题的思考、考量和设计未来整套行动的方案。提及规划，部分政府部门工作者及学者都会视其为城乡建设规划，把规划与建设紧密联系在一起。因此，提及规划，就要考虑土地征用、规划设计图纸等一系列问题。其实，这是对规划概念以偏概全的理解。规划讲究空间布局的合理性。一是特定领域规划应与土地开发规划、城市发展规划和区域发展规划协调统一；二是局部区域规划、区域规划、国家规划势必重叠，但应相互包容。闽新轴带包含新疆、甘肃、陕西、湖北、江西、福建六省区，各省域之间的行政藩篱与行政壁垒不是三言两语就可以说清楚的，每个省份对于本省的社会、经济、文化、科技、教育、产业布局与开放开发等都有属于自己的规划，由本省自己制定的规划或方案往往只对所辖区域生效，而不会因生态环境或发展开发历史相近就共同开发。

2. 新疆自治

自治区是一种行政区划分类型，在中国相当于省一级的行政单位，相比普通省份，其地方政府在内部事务方面会拥有比其他同等级行政区更高的自主空间。自治区是在国家的统一领导下，以少数民族聚居的地方为基础，建立相应的自治机关，行使自治权，由少数民族人民自己当家做主，管理本民族内部地方事务。民族自治区享有宪法、民族区域自治法和其他法律规定的民族自治权，这种制度称为民族区域自治制度，民族区域自治制度是中国的一项基本政治制度。新疆维吾尔自治区，简称新，首府乌鲁木齐市，位于中国西北边陲，是中国 5 个少数民族自治区之一。面积 163.1585 万平方千米，是中国陆地面积最大的省级行政区，占中国国土总面积的 1/6。闽新轴带所含六省中除新疆维吾尔自治区，还有甘肃的临夏回族自治州、甘南藏族自治州及湖北的恩施土家族苗族自治州是少数民族自治区域。自治指行政上相对独立，有权自己处理自己的事务。少数民族自治地区与非少数民族自治地区在行政与经济等方面的合作可能会有相应的约束。

3. 台湾问题

闽新轴带除覆盖我国大陆六省区之外，其延伸段至宝岛台湾，而台湾问题是自 1949 年以来的历史遗留问题，闽新轴带至台湾延伸段能否顺利建设，其发展条件仍存在约束。

（二）民族、宗教差异

1. 少数民族聚居

闽新轴带主要人口民族构成是汉族，此外各地区少数民族大杂居、小聚居，各民族类别数量众多，少数民族人口也不少。新疆是一个多民族聚居的地区，共有 47 个民族成分，其中世居民族有汉族、维吾尔族、哈萨克族、回族、柯尔克孜族、蒙古族、塔吉克族、锡伯族、满族、乌孜别克族、土克曼族、俄罗斯族、达斡尔族、塔塔尔族 14 个。甘肃自古以来就是个多民族聚居的省份，汉族为主体，人口在千人以上的有回族、藏族、东乡族、土族、裕固族、保安族、蒙古族、撒拉族、哈萨克族、满族等 16 个民族，此外还有 38 个少数民族成分。陕西人口以汉族为主，少数民族主要有回族、满族、蒙古族、苗族、土家族、水族、羌族等。湖北有 55 个少数民族，据第六次人口普查统计，全省少数民族常住总人口 247 万人，占全省总人口的 4.5%。过万人的少数民族有土家族（210 万人）、苗族（17.8 万人）、回族（6.7 万人）、侗族（5.2 万人）、满族（1.3 万人）、壮族（1.2 万人）和蒙古族（1 万人）。江西全省共 38 个民族，汉族人口最多，占总人口的 99% 以上。少数民族有回族、畲族、壮族、满族、苗族、瑶族、蒙古族、侗族、朝鲜族、土家族、布依族、白族、彝族、黎族、高山族、藏族、水族等 37 个。少数民族中畲族聚居，瑶族部分聚居，其他各少数民族均为散居性质。福建的民族组成比较单一，汉族占总人口的 97.84%，畲族为最主要的少数民族，占总人口的 1%，还有少量回族、满族等，其他民族人口多为近现代迁居而来，比重极小。福建汉族内部语言文化高度多元，分化成多个族群。不同民族群体间的发展习惯与习俗也对发展造成了一定约束。

2. 宗教差异

宗教是一种对社群所认知的主宰的崇拜和文化风俗的教化，是一种社会历史现象，我国是一个多宗教的国家。到新中国成立前，逐步形成了以道教、佛教、伊斯兰教、天主教、基督教（新教）、儒教六大宗教为主体，兼有少数其他宗教和多种民间信仰的基本格局。闽新轴带范围广阔，覆盖地区对宗教的信仰也不尽相同。基本上，新疆、甘肃、陕西部分地区以信仰伊斯兰教为主；湖北、江西两省与福建的内陆地区汉族人口众多，其宗教信仰情况与全国基本水平相当，以佛教、基督教、天主教、道教等为主，部分信仰伊斯兰教；福建沿海地区自古以来就是海上贸易的集散地，当地居民大多信仰妈祖等海神。

（三）文化差异

闽新轴带所含地区的文化都是华夏文化的一部分，但各部分有不同的文化差异，这些文化差异也可能成为轴带整体发展的约束条件。

1. 西域文化

闽新轴带中新疆、甘肃等地位于玉门关、阳关以西地区，自古以来被称为西域地区，在丝绸之路的影响下，西域特指汉、唐两代中国政府安排的行政机构所管辖的今中国新疆大部及中亚部分地区，位于欧亚大陆中心，是丝绸之路的重要组成部分。西域文明指世界四大古文明（埃及、美索不达米亚、印度、中国）之间产生的文明。因为西域干旱少雨等地理环境条件的特殊性，产生了与中原地区完全不同的饮食、服饰、建筑、生活习惯，这就是特殊的西域文化的一部分。

2. 三秦文化

所谓三秦是指，秦朝灭亡后，项羽三分过去的秦国之地，故称三秦。到了近代，三秦泛指陕西所辖的关中、陕北、陕南地区。陕西是中华文明的发祥地，先后有 13 个王朝在此建都，包括中华文明最为辉煌的周秦汉唐 4 个王朝。三秦文化博大精深，是中华文明的重要组成部分。三秦民风淳朴、高亢，地方的戏剧和民歌也表现出这种民风特点，流行于关陇地区的戏剧，最有地方特色的有秦腔、鄜鄠、皮影戏（皮影戏的发源地在陕西）等；民歌以陕北的信天游和陇东的花儿最有代表性。三秦地区或称关陇地区，其区域内的民间文化生态具有很强的一致性，与外部周边地区有较大的差异。这种地域文化的形成与这一地区的自然经济环境、人文背景及历史上的行政区划都有很大的关系，因而在这样一片广袤的土地上产生了具有一致性的三秦文化，并不偶然。

3. 楚文化

楚文化是中国春秋时期南方诸侯国——楚国的物质文化和精神文化的总称，是华夏文明的重要组成部分。楚国先民最初生活在黄河流域的中原地区（河南新郑），南迁后给楚地带来了先进的华夏文明因素，并以中原商周文明特别是姬周文明为基础向前发展楚文化。在闽新轴带中，现今湖北大部为早期楚文化的中心地区；江西是春秋中期以后楚文化的中心地区。

4. 吴越文化

吴越文化又称江浙文化，是汉文明的重要组成部分，也是江浙的地域文化。吴越文化有其鲜明的标志形式，如舟楫、农耕、印纹硬陶、土墩墓、悬棺葬以及好勇尚武、淫祀和断发文身，先秦典籍多有记载。从河姆渡文化、良渚文化一路走来，历经数千年的风雨同舟，吴越文化风采依旧。吴文化和越文化"同俗并土、同气共俗"，逐渐在相互交融、激荡、流变与集成中形成统一的文化类型。赣东北部分地区则是闽新轴带中的吴越文化区域。

5. 岭南文化

岭南文化是指中国岭南地区的文化，涵盖学术、文学、绘画、书法、音乐、戏曲、工艺、建筑、园林、民俗、宗教、饮食、语言、侨乡文化等众多内容。岭南文化，源远流长。岭南文化在中华民族形成与发展、维护国家统一、民族团结等多方面做出了不可磨灭的贡献。起着重要作用。近代岭南文化更是近代中国的一种先进文化，对近代中国产生了巨大的影响。改革开放以来，岭南文化以其独有的多元、务实、开放、兼容、创新等特点，采中原之精粹，纳四海之新风，融汇升华，自成宗系，在中华大文化之林独树一帜，对岭南地区乃至全国的经济、社会发展起着积极的推动作用，是中华民族灿烂文化中最具特色和活力的地域文化之一。赣南部分地区则是闽新轴带中岭南文化的区域。

6. 闽南文化

闽南文化起源于泉州、漳州，是指生活在福建南部地区的人（主要是闽南人）共同创造并一代代传承发展与创新的地区性文化，是源远流长博大精深的中华文化的一个支系。闽南文化的内涵除广义中也含农耕文化、海商文化外，更值得一提的是狭义中所含的建筑文化、民俗文化、宗教文化、民间艺术、宗族文化及方言等。

三、较为薄弱的整体区域发展基础

闽新轴带六省区的"一带一路"建设内容不一致。福建坚持"走出去"与"引进来"结合，全面推进自由贸易试验区和21世纪海上丝绸之路核心区建设，以更加开放的姿态深度融入世界经济，主动参与全球资源配置，推动对外经济发展方式转变，再造开放型经济新红利，培育国际合作和竞争新优势。江西充分发挥省内特色产业、历史文化和生态资源优势，积极推进与"一带一路"沿线国家的经贸合作和人文交流，努力把江西建设成为连接"一带一路"的内陆重要支点和内陆双向开放的示范区，重塑江西丝绸之路的历史荣光。湖北全面对接"一带一路"倡议，实施新时期走出去战略，深化与"一带一路"沿线国家和地区的经贸合作，提高企业国际化经营水平，大力开拓国际市场。实现非金融类对外直接投资年均增长10%以上。陕西按照"内引外联、东进西拓、南下北上"的思路，全面拓展开放的广度和深度，加快建立开放型市场经济新体制，培育全面开放竞争新优势，推动更高水平的"引进来"和"走出去"，打造内陆改革开放新高地。甘肃抓住国家实施"一带一路"倡议的机遇，加快丝绸之路经济带黄金段建设，完善对外开放区域布局，丰富对外开放内涵，提高对外开放水平，以开放促发展，为转型升级注入新动力、增添新活力、拓展新空间。新疆按照"政策沟通、设施联通、贸易畅通、资金融通、民心相通"的要求，坚持"引进来"和"走出去"并重，推进双向开放，高起点建设一批对全局有引领作用的重大项目，加快交通枢纽、商贸物流、文化科教、医疗服务、区域性金融"五大中心"和"十大进出口产业集聚区"建设，促进国内国际要素有序流动、资源高效配置、市场深度融合，加快建设丝绸之路经济带核心区，努力形成全方位对外开放的互利合作新格局。

闽新轴带六省区在"一带一路"建设中的经济基础、区位条件与开放程度不同，各省建设"一带一路"的整体发展目标与建设内容也不同，因此闽新轴带作为整体进行区域发展的基础较为薄弱。

四、高端人才培养条件不平衡

人力资源尤其是高端人才规模越来越成为区域竞争力的关键指标，闽新轴带作为"一带一路"海陆重大连线，对高端人才的需求也是毋庸置疑的。闽新轴带六省教育资源、经济社会发展水平不同，区位条件对高端人才的吸引力不同，使得六省对高端人才的培养条件不平衡。

新疆与甘肃地处我国西北地区，是少数民族自治区，教育资源相对欠缺，特别是高等教育资源，另外西北地区地广人稀、自然条件与物资相对欠缺，对人才的吸引力也较低。新疆大学与石河子大学是新疆的"211"工程建设高校，甘肃省内的兰州大学是教育部主管的"211"工程、"985"工程、双一流高校。陕西与湖北由于受三秦文化与楚文化熏陶，另由于经济发展条件较好，自古便是重视教育与人才培养的地区。陕西省内共有高等学校 108 所，有西安交通大学、西北工业大学、西北农林科技大学、西安电子科技大学、陕西师范大学、长安大学、西北大学、中国人民解放军空军军医大学（四医大）、中国人民解放军空军工程大学、中国人民解放军火箭军工程大学、中国人民武装警察部队工程大学、中国人民解放军陆军边海防学院、中国人民解放军空军西安飞行学院、中国人民解放军国防大学政治学院西安校区（原西安政治学院）、中国人民解放军国防科技大学西安校区（原西安通信学院）15所全国重点大学。湖北省内有中国人民解放军海军工程大学、中国人民解放军空军预警学院、中国人民解放军火箭军指挥学院、武汉大学、华中科技大学、中国地质大学（武汉）、武汉理工大学、华中农业大学、华中师范大学、中南财经政法大学10所国家重点大学。江西仅有南昌大学一所"211"工程大学。福建也只有福州大学一所"211"工程大学。

仅从高等教育资源一项数据就可以看出，闽新轴带六省区中陕西和湖北两省的教育资源及人才培养远远优于福建、江西、甘肃和新疆四省，高端人才培养条件的不平衡势必会对闽新轴带六省的共同发展带来一定的约束条件。

五、跨区域合作难以突破制度体系束缚

跨区域合作是指若干地方政府基于共同面临的公共事务和发展需求，依据一定的协议章程或合同，将公共资源在地区之间重新分配组合，获得最大的经济效益和社会效益的活动。随着经济全球化以及我国市场化与分权化改革的不断推进，区域一体化向纵深发展，同时大量的区域公共问题也不断涌现。在此背景下，诸多社会经济活动已经超越体制性的地理界限，对特定地区或邻近地区产生外部效应，单一的行政区划政府对提供跨区域的公共服务、城乡治理与经济合作已经力不从心，需要多个地方政府联合起来进行处理。近年来，随着改革开放与经济发展水平的进一步提升，行政区划毗邻地区的跨区域合作需求日趋强烈。但长期

以来，我国以行政区为单元的"诸侯经济"明显存在，自由统一的全国市场仍未形成，科学成熟的跨区域合作制度体系仍有待探索。具体而言，跨区域合作面临行政区划的束缚，而不同区域经济发展的不平衡客观上也造成了地方政府间的合作障碍，区域政府间竞争的存在也加剧了跨区域合作的难度。在制度层面，制度实施中缺乏互信的承诺，制度运行中的信息不对称、监督制度的主体难以确定、监督中容易出现搭便车现象等都影响了跨区域合作的效果。

闽新轴带作为联系陆海丝绸之路核心区（东南海疆门户福建与西北陆疆门户新疆）的最便捷大通道，必然要充分发挥跨区域合作的优势。但是，基于前文对轴带六省所处经济分区不同、发展条件不同、内部的城市群差异等，当前跨区域合作大环境以及制度体系的束缚，对闽新轴带借助内外较发达地区的优势，最大化地发挥其空间邻近效应产生了较强的制约。

六、经济发展不均衡

（一）经济发展空间不平衡

改革开放 40 年来，我国社会经济发展取得了巨大成就。沿海地区依托较好的经济基础和优越的区位条件率先成为国家层面的核心增长极，集聚了大量的现代企业，积累了规模巨大的金融资本。而中西部内陆地区也取得了社会经济的巨大进步。比较而言，中西部地区与沿海发达地区的差距仍然十分显著。虽然近年来内陆地区经济发展的相对速度已经加快，与沿海地区的相对差距有所缩小，但区域发展的绝对差距仍在拉大，特别是中西部地区基本公共服务水平差距明显。1996～2015 年的20 年间闽新轴带沿线的经济发展大致呈现出"两端热中间冷"的空间分布状态，热点均集中在新疆的北疆地区和福建的沿海地区。

（二）资本发展与投资行业分布不均衡

从投资领域来看，中国对沿线国家的直接投资过多集中于资源开发领域和建筑工程施工领域，中国在现代制造业方面的比较优势并未得到充分发挥，这样虽然有助于提高中国的战略资源安全保障，但也容易为所谓的"中国威胁论"提供口实，认为中国发展沿线直接投资主要是为了寻求自然资源。今后需要针对沿线投资东道国的经济发展特征和个性化合作发展需求，实施差别化的国别投资战略，丰富和拓展中国对沿线国家的直接投资领域，防止中国企业盲目的扎堆式投资，促进企业对外直接投资的可持续发展。据第四章研究，闽新轴带固定资产投资与经济收益的关系存在滞后性与周期性，且投资的空间分布不平衡，导致轴带经济发展水平出现周期性波动并且空间差距明显。

七、资源条件不均衡

（一）自然资源分布不均

自然资源的分布具有不均衡性，而各种可再生资源受水热条件的影响明显，会导致某些可再生资源的分布具有明显的区域分异规律。在闽新轴带覆盖的区域中，各种自然资源或能源的分布是不均衡的，如新疆、甘肃地区严重缺水，但湖北、江西、福建的水资源充足；新疆的油气资源丰富，江西的有色金属矿产资源丰富等。

（二）其他非自然资源条件分布不均

除自然资源分布不均衡外，闽新轴带六省区的非自然资源分布也不均衡。整体上，东南地区比西北地区的各种社会基础条件更好、经济发展水平更高，医疗、教育、社会福利等资源也更好。

第二节　闽新轴带面临的挑战

一、国际贸易摩擦日趋剧烈

改革开放 40 年来，我国经济迅猛发展，经济总量已位居世界第二，贸易总额则成为世界第一。随着对外贸易地位的不断提高和出口产品竞争力的不断增强，我国所面临的贸易摩擦正不断加剧。一方面，2008 年金融危机以来，全球经济整体上仍未走出萎缩低迷的状态，我国的对外出口面临较大的下行压力；另一方面，部分国家内部抵制进口、保护国内产业和就业的呼声不断，欧美等一些发达国家甚至提出"再制造化"、"反经济全球化"策略。近年来，一些国家多次打着"两反两保"、保护知识产权、反倾销制裁等旗号采取变相的贸易保护主义。尤其是我国对美国等一些国家拥有明显的贸易顺差，进一步引致了"贸易战"的发生。随着经济全球化的推进，我国大部分地区已纳入全球经济网络。国际贸易摩擦日趋剧烈，给闽新轴带为"一带一路"进行产业联系带来的影响也日益加剧。

二、产业发展成本日趋升高

随着经济发展阶段的不断推进，我国的生产要素整体成本不断上升。尽管中西部与东部沿海地区之间仍存在显著的经济梯度，但其背后的生产要素成本差距却在逐步减小。近年来，中西部地区农民工工资增长加快，与东部工资差距明显缩小。根据国家统计局的调查，2011 年在东部地区务工的农民工月均收入为

2053 元、中部地区为 2006 元、西部地区为 1990 元，西部与东部的平均工资差距由 2005 年的 15% 左右下降到 3% 左右。而随着中西部地区工业化的不断推进，其土地成本也不断攀升。受环境保护压力的影响，中西部对招商引资的筛选力度加大，企业的准入门槛也在不断提高。闽新轴带斜跨我国经济东中西三大区，各地区发展优势产业的成本不断提高，发展难度也在逐渐增大。

三、战略利益的互构及认同难趋同

各地区战略利益的建构无疑具有自私性，即从自身的立场与利益来考虑问题，但要使双方能够产生合作的局面，在关系构建中寻找共同利益无疑是必不可少的环节。显然，战略利益的认同程度与合作广度和深度有着较为密切的关系。重视经济利益才是闽新轴带六省能积极呼应"一带一路"倡议的重要原因，也是驱使这些地区开展积极合作的重要动因。对于六省而言，构建闽新轴带为其带来的实际经济或资源或开放形式是重要的保障，但各省的实际需求内容却不尽相同，对于构建轴带的总体战略认同难以趋同，对闽新轴带实际链接东南至西北，发挥联系"一带一路"纽带作用的效果也增加了难度。

四、信息化和高铁化带来的挑战不容忽视

近年来，我国已快速构建起成熟的 4G 通信网络和 200 千米以上时速的高速铁路网络，信息、客流的快速交流与通勤整体上得以实现。以此为基础，社会经济的要素流动更为快捷和频繁。然而，对于不同区域而言，信息化和高铁化所带来的社会经济效益并不完全一致。从区域竞争角度看，当前的既有研究表明，快速流通网络的建设对大城市或发达地区更为有利，对中小城市或相对落后区域在改善其整体条件的同时也带来显著的外部挑战。

以高铁为例，高速铁路的开通会进一步强化已经拥有较强竞争力的大城市的核心地位，使得其直接受惠于高速铁路的积极的和正向的区域经济效应。而对经济实力相对薄弱的中小城市而言，有可能更容易处于边缘化位置，加速其人口、资源与产业等要素的外流，从而导致区域核心与边缘城镇等级差异突出，经济发展出现马太效应。

五、对已基本成型的陆海丝绸之路的连接难度日益增大

海上丝绸之路主要面向环太平洋经济带以及印度洋沿岸国家，主要涉及中国的东部沿海地区；陆上丝绸之路经济带主要面向欧亚内陆地区，主要涉及中国的西部地区；中间地区成为可能的断裂区，使我国相关的规划和战略陷入了困境，即具有双重的区位优势，但同时也成为了"一带一路"的"末梢地带"。然而，通过近年的积极建设，"一带一路"建设中的"海陆丝绸之路经济走廊"已基本建设成型，拥有了一系列产业链与经济联系网络，如今推出闽新轴带，作为连接海上与陆上丝绸之路的内陆通道作用十分有意义，但能否真正在已基本成型的"一带一路"中起到连接作用尚不明确，但可知的是随着时间的推移，"一带一路"建设越成功、连接海陆的通道建设就越困难。

六、东南沿海的经济干扰及挤压

积极发展闽新轴带建设，加大对沿线六省区的直接投资，加大该区域各产业的结构合理化调整，势必会介入我国东南沿海传统经济强区，引发闽新轴带区域与东南沿海发达地区经济发展模式的互相干扰与相互挤压。

第三节　闽新轴带亟待解决的问题

一、战略构想尚缺乏顶层设计

轴带经济突破行政区的界限，依赖市场力量，注重联动效应，通过区域之间的各种联系带动生产要素流动，强调不同区域之间的协同发展、共享发展和包容性发展。共商共建共享闽新轴带，将有助于建立更加有效的区域协调发展新机制，有利于形成陆海内外联动、东西双向互济的开放格局。"一带一路"是一个涉及几十年甚至更长历史时期的动态演化的建设过程，是一个长期的系统工程，它的意义十分深远。而作为"一带一路"海陆联系通道的闽新轴带同样需要拥有长时间稳定持续服务的能力。然而，闽新轴带构想提出的初始目标与终极目标是否一致？作为经济轴带能否在不影响其他区域原有发展的基础上辐射带动经济发展？闽新轴带的构想是一个整体战略还是一个区域战略？这些疑问如何解决尚不明确，战略构想的提出还不够成熟，尚缺乏顶层设计。

二、尚未取得较高知名度

"一带一路"已经取得了阶段性的成果，并且不仅在国内甚至在亚洲乃至全世界都有一定的知名度。但闽新轴带仍处于提出构想的建议商讨阶段，目前只在闽新轴带沿线六省区的部分高校、论坛及会议中提出，期刊、报纸等学术期刊或媒体的登载报道数目也比较少，尚未在全国范围内引发一定规模的响应，这对闽新轴带未来的建设及实施是不利的。

三、轴带经济集聚度不够高

从经济带到经济轴带，意在强调区域发展增长极将由点及面、连接成轴，最大限度地发挥辐射带动作用。国家重点开发区域，是指具备以下条件的城市化地区：具备较强的经济基础，具有一定的科技创新能力和较好的发展潜力；城镇体系初步形成，具备经济一体化的条件，中心城市有一定的辐射带动能力，有可能发展成为新的大城市群或区域性城市群；能够带动周边地区发展，且对促进全国区域协调发展意义重大。主体功能区是在"多规合一"基础上所有规划里面最上位的规划，是战略性规划、约束性规划、基础性规划，党的十八大报告里面提出要严格推动各个地方按照主体功能区定位发展；党的十八大三中全会，提出坚定不移地实施主体功能区制度。不同的主体功能区有不同的发展重点。

闽新轴带是以经济轴带的形式将天山北坡城市群、兰州—西宁城市群、关中平原城市群、长江中游城市群以及海峡西岸城市群等重点开发区或优化开发区串联在一起，形成一定的辐射带动，起到联系"一带一路"海上与路上通道的作用。但是用轴连接几个断面，是否会使轴带上各点经济聚集不强，目前尚不清晰。

四、优先发展方向的选择尚不明确

在"一带一路"的定位中，西北与东南是两个主要的方向，西北方向就是指陆上丝绸之路联通的中亚地区，东南方向指通过海上丝绸之路联系东南亚各地区。优先发展西北方向还是东南方向一直以来就有争论，作为联系"一带一路"海上与陆上的通道，这条轴带的发展方向目前依然无法明确。

五、硬件、软件建设难度大

建设闽新轴带这样的经济轴带，不是在沿线区域恢复、修建一条或几条新铁路、新航线这么简单，而是要通过投资、开发形成广泛的便捷地区交通和贸易经济联系网络以及创新现有贸易、投资、金融、文化交流合作等制度体系，包括硬件与软件两大系统。完善丝绸之路的各类基础设施等硬件建设需要大量的资金、技术、各部分的投入和前期准备等，难度很大。在软件完善方面，金融、投资、劳务等制度协调规划调整，包括实现贸易自由化、减少行政壁垒、完善管理制度、克服官僚作风和防止贪污腐败问题等，难度甚至比硬件设施的准备更大。

六、内部发展步调难以统一

"一带一路"在国内掀起了一阵接一阵的热潮。据不完全统计，国内已有不少于30个城市宣布自己为"一带一路"的起点，"核心区"、"桥头堡"、"枢纽"、"黄金段"、"自贸区"等概念纷纷出笼。各省都希望争取政策、抓资源、占先机，为其带来发展新机遇和增长新动力。而跨地域、跨部门的全国"一带一路"协调机构尚未明确。这对于"一带一路"规划的整体推进不能说是一个好消息。

闽新轴带作为连接"一带一路"海上与陆上的新通道，是否会引发新一轮的热潮，这股热潮是否称得上是一个好消息，也不得而知。

七、建设动力的可持续性问题亟待解决

一些地方和部门热衷于做表面功夫，把一些新的战略或定位理解为争取中央政策支持和分配利益"蛋糕"，把重点放在如何提升本地的经济地位，获取更多的资源，而不是如何利用好本地

的优势，把整体战略放到本地经济规划中考虑。在丝绸之路和"一带一路"建设过程中，各地争相举办会议、论坛、课题与研究项目，跟风之后却发现是在做表面功夫。闽新轴带作为基于"一带一路"提出的经济连接通道，如何避免成为各地方部门争夺资源的借口？如何抵抗地方和民间的种种压力？如何真正发挥作用，让沿线各地的经济水平得以提升？这一系列对于闽新轴带建设动力的可持续性问题仍待解答。

第七章　闽新轴带定位及对策建议

第一节　闽新轴带的战略定位

一、"一带一路"的先导区

闽新轴带途经新疆、甘肃、陕西、湖北、江西、福建六省区，区域差异显著，既有行政藩篱（如省域分割、新疆自治、台湾政治），又有经济差异（沿线经济发展差异巨大）、宗教差异（沿线伊斯兰教、基督教、佛教、道教等宗教各放异彩）、文化差异（西域文化、三秦文化、楚文化、吴越文化、岭南文化）等，是"一带一路"沿线国家和地区差异在中国区域内的缩影。合作共赢是推进"一带一路"倡议的核心价值观，闽新轴带虽然经济结构差异大，但经济互补性强，为区域合作协同发展提供了机遇；尤其是京津冀协同发展和长江经济带发展战略的实施，预示着国内区域合作一体化进程正在不断加快。因此，提升闽新轴带的战略地位，优先进行该轴带的各项建设和协同治理，可以为"一带一路"倡议的实施积累经验、提供示范。

二、陆海统筹示范区

闽新轴带通过打造高效互通的陆路交通和航空网络，依托东南沿海门户、西北边疆门户及内陆开放高地，加快通道基础设施建设，有助于实现沿海地带、长江流域、黄河流域、内陆边疆的高效空间联动，推动内陆、沿海门户城市及各大城市群间统筹发展。同时，各地区以产业协同为基础，加强区域合作，已经成为提升区域综合竞争力、推动经济社会全面协调可持续发展的必然选择，建立闽新轴带沿线重大合作平台，打造区域合作协同发展联合体，将有利于探索区域合作新模式、新路径，深化区域分工合作、扩大对内对外开放，在建构区域发展联合体的基础上，推进全面开放、门户引领的陆海统筹示范区建设。

三、绿色发展创新区

闽新轴带沿线经济发展相对不平衡、不充分，生态环境脆弱性相对较强，在轴带引领下可以密切结合沿线不同地区的资源禀赋和经济技术条件，优化轴带地区间的产业转移空间布局，构建闽新轴带沿线六省区合作新机制、新平台，将"生态＋"理念融入产业发展全过程、全领域，促进生产、消费、流通各环节绿色化，进行产业转型升级，打造合理有序的地区生产网络。此外，积极推动轴带上区域协同创新共同体建设，建成一批科技创新新高地，从而探索生态扶贫新模式，建立绿色价值共享机制，大力促进绿色产业集聚，打造绿色发展创新合作的经济走廊。

四、多元文化景观带

闽新轴带呈西北—东南走向，垂直于胡焕庸线，与中国由沿海至内陆的干湿地带性分异规律相吻合，沿线多样的自然风光造就了丰富的人文风貌，自然风光和人文景观分异特征明显，旅游体验极佳。此外，沿线地区的西域文化、三秦文化、楚文化、吴越文化、岭南文化是中国 5000 年灿烂文明的优秀代表，悠久的中华文明为"一带一路"沿线国家和地区带去了生动的中国故事。闽新轴带的构建势必让沿线地区的优秀文化资源重新焕发生机与活力，形成多元文化闪耀的文化景观长廊。

第二节　闽新轴带的合作重点

闽新轴带各省市资源禀赋各异，经济互补性较强，彼此合作潜力和空间很大，应以设施联通、产业对接、经贸合作、科技文化交流、机制保障为主要合作内容。

一、推进区域统筹协调

积极对接"一带一路"，共商共建共享闽新轴带，统筹推进高铁经济带研究，协调推动编制国家级闽新轴带发展规划，将闽新轴带纳入国家"一带一路"建设的重要内容，协同制定产业、投资、贸易等促进闽新轴带发展的重要政策。发挥各地资源要素禀赋比较优势，形成特色化、差异化发展，并促进闽新轴带沿线六省区要素自由流动、资源高效配置和市场深度融合，建设统一开放、竞争有序的现代市场体系。发挥市场在资源配置中的决定性作用，加快完善统一开放、竞争有序的市场体系，更好地发挥政府作用，加强和优化公共服务，构筑区域开放合作平台，保障公平竞争，维护市场秩序。加强顶层设计，强化规划引领，全面推进城乡建设、基础设施、产业发展、生态文明和公共服务等对接合作，以重点领域和重点区域为突破口，不断深化改革，形成发展合力。

二、强化基础设施建设

综合运输体系建设是闽新轴带建设的优先领域，围绕该轴带连接"一带一路"的陆、海、空通道，要加快重大铁路工程、铁海联运通道、航空运输网络等建设，开工建设一批重大先导工程，加快构建通江达海、联通内外的开放通道格局。积极争取国家部委的指导与支持，努力开展跨省区高铁线路规划研究，加快推动已规划铁路项目开工建设。围绕优化路网结构，谋划储备一批高铁建设项目；围绕打造闽新轴带，推进建设一批功能齐全、配套优良的立体综合交通枢纽，完善与高铁站点相衔接的高速公路、城际铁路、轨道交通等配套设施。

三、加快区域合作发展

建立完善的多边联合工作机制，促进六省区与"一带一路"沿线国家、地区组织制定的相关政策、规则、标准的三位一体，为互联互通提供机制保障。推动建立部省协同推进机制，在能源开发、旅游开发、产业协作、脱贫攻坚、社会治理等重点领域深化合作，共同将闽新轴带打造成为全国生产力布局大通道。六省探索建立利益共享机制，要充分考虑有关各方利益，整合资源，协同解决发展中面临的共性问题，不断拓展合作的广度和深度，找准利益共同点、合作契合点，实现共同建设、共同发展、互利共赢；推进多领域、多层次、多形式合作，加快重点领域互联互通和区域一体化进程，抓住促进合作发展的关键环节有序推进，以重点突破带动区域合作向深层次、宽领域、高水平发展。

四、深化民族文化融合

闽新轴带是一个多民族、多文化并存的区域，深化民族文化融合、冲破行政交流壁垒、推崇宗教信仰自由等是目前首要解决的问题。鼓励各民族相互融合，在经济、就业、教育、医疗等所有方面平等互助，坚决反对民族歧视。客观地认识到各省的文化差异性，加强各省之间的文化交流，积极倡导跨省文艺表演、研学旅行、节日交流等举措。其中最重要的是加强各省份与台湾地区的文化交流，强化台湾地区与大陆之间的文化认同感，使得闽新轴带能够延伸至台湾地区。多元文化使民族文化与区域文化在发展中优势互补，互惠互利，协调发展，在自身发展中带动民族文化按本民族的特征向前发展，同时提供经济、教育等方面的援助，使民族地区的政治、经济和文化得到发展。在宗教信仰方面，需对信仰不同宗教的民众予以尊重，做到不强制、不歧视、不亵渎，相互平等对待。

第三节　闽新轴带建设的对策建议

一、加快基础设施建设

（一）共同完善综合运输体系

畅通陆路通道，规划建设对外快速铁路通道，同时提升向莆高铁、昌九城际铁路能力建设，以中国生产力布局大通道的层级提升闽新轴带高铁等级，构筑联通海西经济区、长江中游城市群、关天经济区、乌昌石城市群间的大能力、高速化运输通道。

以港口为重点的海陆通道建设，拓展港口综合服务功能。推动抚州在湄洲湾设立"飞地港"、莆田等地在抚州建设内陆港，促进赣闽两省共建共享物流、港口等基础设施。支持在六省区中心城市建设无水港，支持将南昌向塘铁路—公路枢纽型物流基地打造成为中部第一大无水港。

强化航空枢纽和空中通道建设，加密闽新轴带省市航线，拓展至"一带一路"沿线国家航班，与沿线省市主要机场构建分工协作、合理布局的航线网络，也要加强投资和商业合作。

综合交通枢纽建设要"零距离换乘、无缝化衔接"，将海陆空三线有机衔接，提高综合交通运输体系运行效率，形成多种交通方式高效衔接的联运格局。重点发展武汉、西安全国性综合交通枢纽，积极建设福州、南昌、兰州、乌鲁木齐等区域性综合交通枢纽，大力推进综合货运枢纽和物流园区建设。

（二）统筹信息基础设施建设

加强干线通信网络建设，完善区域网络布局，提升网络质量。增强各省互联网骨干直联点流量疏通能力、构建覆盖全域的高速光纤宽带网络、推进云计算大数据公共服务平台建设和应用示范，提升信息基础设施保障能力，构建支撑对外开放的数据高地。

打通闽新轴带信息通道，实现公路、铁路、航路、网络、信息全面联通，建立统一的基于互联网和EDI的数据交换平台。加强与跨境电商服务、大型物流企业信息服务等的互联互通，打造便捷的信息传输体系。

完善电子商务基础平台及服务系统，建立省际之间的数字认证、电子商务支撑体系和公共信息平台，省际间建立与公众网络资源的协调联动机制，提高省际间通信网络突发应急事件的处置能力。

提升信息安全保障水平。加强省际网络安全管理，完善通信网络和重要信息系统的安全风险评估评测机制。建立城市群信息安全应急体系衔接机制，推动无线电协同监管，加强信息安全保障体系和网络信任体系一体化建设。

（三）深化口岸通关体系建设

实施闽新轴带沿线省市海关区域通关一体化改革，实现地方电子口岸的互联互通和信息共享，推进"大通关"单一窗口业务服务平台建设，搭建集政务、业务和社会增值服务的"一站式"服务平台，提升口岸通关便利化程度。整合六省监管设施资源，全面推进"一站式作业"，深化关检"三个一"合作。

（四）增强能源、水资源保障能力

统筹规划布局省际间重大能源基础设施，推进油、气、电输送网络一体化建设，多渠道开拓能源资源，促进资源共享，提升管理水平，构建安全、清洁、经济、高效的一体化能源保障体系。

依托新疆能源基地加强与国家能源通道建设衔接，向资源贫乏省份输送能源，提升能源资源合作水平，建设全球能源互联网，促进对外能源硬件项目建设。

加强省际水资源承载能力评估和科学调度。构建以河道整治、引调水工程为重点的水资源保障体系，构建分区互联互通水资源配置格局，完善季风区防洪防潮减灾综合体系，建立水资源水环境监测预警机制，促进经济社会发展与水资源环境承载能力相协调。

二、促进产业协同发展

（一）支持企业扩大境外投资

在加快产业转型升级的同时，鼓励各类企业赴境外投资，将优势产能转移到陆海丝绸之路沿线国家和地区，重点支持企业在沿线国家和地区建设产业合作园区和制造基地，支持"走出去"理念，并打造一批跨国公司和国际知名品牌。

（二）拓展现代农业合作

扩大地区间合作，推进各省份现代农业经营模式创新，引导优势农产品发展，扶持农业产业化龙头企业发展并与农户建立紧密的利益联结，农产品加工企业强强联合。建立农业合作示范园，引进发达省份资本，合力打造各地特色的精品示范基地和知名品牌。培育农产品供应基地，与"一带一路"沿线国家加强合作，扩大对外出口规模和项目投资。

打造农产品物流中转基地，发挥闽新轴带的地理和交通优势，以南昌—抚州为关键节点，重点发展"一带一路"双线农产品物流大通道；向西，构建福州—南昌—武汉—西安—兰州—乌鲁木齐内陆农产品物流专线，为抚州优质农产品拓展国内市场；向东，积极建设农产品进出口重要中转基地，打造热带水果仓储、物流、批发市场，构筑关丹港（马来西亚）—泉州港（福建）—抚州—南昌—西安—乌鲁木齐清真食品特色运输专线，扩大南昌与抚州的国际影响力和知名度。

（三）联合提升工业发展水平

加强战略性新兴产业合作。鼓励省际间的企业加强技术改造和产业配套协作，支持跨区域联合和重组，培育一批大企业。推进海西经济区在新一代信息技术、新材料、节能环保、生物医药等新兴产业上的合作。密切与长江中游城市群在装备制造产业、新能源汽车、新材料、光电产业等方面的合作。

加强传统优势产业合作。加强与海西经济区在机械制造、金属冶炼等产业配套上的互动发展，产业链条延伸；加强与长江中游城市群在汽车、石化等特色产业集群的联系，形成特色互补的产业发展格局。

加快产业承接转移。建立产业转移新模式和跨区域合作机制，互利共赢；发展"飞地"园区，与发达地区合作共建产业园区；承接具有成本优势的产业落户，有针对性地进行产业集群和发达地区的产业组团式转移。创新政务服务方式，相关行政许可跨区域互认；实施"回归工程"，鼓励海内外商人把先进的管理经验和生产技术带回家乡。

（四）推进服务业合作发展

积极拓展服务业开放合作领域，开展现代商贸物流、文化创意等行业合作，重点发展信息服务、服务外包、特色旅游等新兴服务业。推进现代物流业合作。引进国内外大型物流企业，提高供应链管理和物流服务水平，建立现代物流服务体系，共建以交通枢纽、区域性中心城市和大型商品集散地为依托，辐射沿线乃至全国、连接国际的物流平台和区域性商贸中心。

加强金融业合作。金融机构共建创新园区、新型产业创新创业综合体及专业跨境金融服务，构建对接"一带一路"金融合作网络，扩大金融对外开放，供应链和进出口贸易融资，建立与"一带一路"沿线各国合作发展基金和人民币海外基金业务。创新金融合作方式，对接金融贸易重点园区，承接金融等服务外包业务；完善金融保障体系，建立"一带一路"政策性出口信用保险统保平台，扩大出口信用保险规模和覆盖面。

旅游业合作。建立互为旅游目的地的客源联动机制，依托闽新轴带高铁优势，整合发展陆海丝绸之路经济带沿线旅游资源，支持举办旅游节等文化旅游交流活动，实行地域差异化特色发展，建立利益分享机制，形成良性竞争，共同打造高铁旅游走廊等旅游路线和知名旅游品牌（如"江西风景独好"）。联合开展旅游营销活动，共同做大区域外旅游市场，创建跨省旅游标准化示范地区，共同建设标准化旅游基础设施（如标识标牌等）。

三、加强公共服务合作

（一）丰富文化交流

深度挖掘"一带一路"丰富的历史文化内涵，构建现代公共文化服务和传播体系，组织六省将文化产品向沿线国家和地区展览展示。发挥汤显祖和莎士比亚在东、西方文化中的旗帜性作用，进行文化交流，增进民间互信。借助国家平台，推动更多的优秀出版物和广播电视节目落地周边及沿线国家，加大中华文化的推介传播力度。

（二）深化教育科研合作

支持重点高等院校与江西、新疆等教育相对落后省份开展联合办学或设立分校，鼓励高校及研究机构合作共同设立研究组织和合作课题。建立多层次人文合作机制，扩大互派留学生规模，参与开展智力丝绸之路建设，开展对接"一带一路"科技创新行动计划，安排"一带一路"沿线国家青年科学家来华从事短期科研工作，进行培训和管理，建设好智库联盟和合作网络。

（三）开拓医疗卫生交流合作

加强医疗基础设施建设，推进闽新轴带医保跨省异地使用，利用互联网技术将医疗服务与旅游、经贸合作等有效嫁接，加强突发公共卫生事件应急合作，建立高层次医疗人才培养机制，开展专业医疗人才的交流培养，并实施医疗救助项目，扩大闽新轴带医疗技术和医疗服务的影响力。

四、拓展经济贸易合作

（一）积极推进自贸试验区建设

发挥改革先行优势，营造国际化、市场化、法制化的营商环境，对沿线地区的开放合作先行先试，实行投资贸易便利化政策，建设改革创新试验点（如福建自贸试验区），为加强沿线地区的交流合作拓展新途径。

（二）努力提高对外贸易水平

打造开放型合作平台，构建公正、合理、透明的国际经贸投资规则体系，依托自由贸易区，促进贸易和投资自由化便利化。合理扩大贸易规模、优化贸易结构，培育外贸竞争新优势，加大经贸推介力度，巩固传统贸易市场并开拓中亚等新兴市场，培育新的贸易增长点。重点行业出口转型升级，培育知名品牌，鼓励企业扩大转口贸易规模（如港澳地区）。企业扩大先进装备技术和资源来满足不同层次需求的消费品进口，深化经贸领域合作，优势企业开展国际合作，拓展海外市场。

（三）强化贸易支撑体系建设

依托海西经济区、赣江新区、武汉都市圈等国家战略区域协作组织，借助"一带一路"倡议抱团发展，共同打造跨境电子商务和国际物流服务平台。支持企业在境外设立仓储基地和海外商贸物流基地建设，以及在海关特殊监管区域的整合优化，深化与"一带一路"沿线国家和地区的经贸合作。

五、建立完善合作机制

利用现有双多边合作机制，推动闽新轴带的区域合作发展，开展多层次、多渠道沟通磋商，建立完善双边联合工作机制，推进闽新轴带建设。依托"一带一路"国际合作高峰论坛等，成立相关发展研究和促进中心，确保六省区与"一带一路"沿线国家、地区组织制订的相关政策、规则、标准的三位一体，为互联互通提供机制保障。

各省委员会等推动合作项目实施，发挥对口支援战略、赣闽合作示范区等现有多边合作机制作用，推动闽新轴带六省区战略合作协议的建立。继续发挥现有博览会、生态文明旅游区等平台的建设性作用，支持沿线六省区联合举办文化交流、专项投资、贸易活动，建立闽新轴带省部级合作论坛。

六、提升国内外知名度

打造属于闽新轴带的特色优势产业、特色领先行业，树立产业及品牌知名度。提高区域创新效率，加大对外招商引资，因地制宜，完善综合化、多元化的产业结构布局。加强生态文明建设，促进绿色环保健康可持续发展。大力鼓励培养创业人才，搭建创业平台、创业产业园区、高科技示范基地，吸纳高技术人才，推动高新技术产业建设。

加快闽新轴带这一地区的各项研究，如政府报告、学术课题、基金项目等，使闽新轴带在各界获得广泛的认同。加强内部交流合作，提升文化软实力，促进经济社会发展，让闽新轴带具有高度完整性、一致性等区别于其他地区的特性，从而增强闽新轴带的影响力，提升闽新轴带在国内外的知名度。

第八章　闽新轴带与江西省发展

第一节　闽新轴带的江西省发展基础

江西自古就是"一带一路"的重要商品输出地，海上丝绸之路又被誉为"海上陶瓷之路"。自隋唐以来，江西景德镇的陶瓷是"海上丝绸之路"最大宗的商品，江西的茶叶、夏布、茧丝均是"一带一路"的主要贸易货物。近年来，沿着"海上丝绸之路"，从东亚朝鲜、韩国、日本，到东南亚、南亚，再到西非、东非以及埃及的福斯特等古代海港城市，有70处以上的考古发现都出土了由唐宋到元明各代的中国古瓷，在坦桑尼亚海岸有46处出土了中国瓷器。特别是"南海一号"沉船上大量出现的景德镇青白瓷，不仅再次向世人证明了景德镇是当之无愧的世界瓷都，而且更加有力地证明了江西（景德镇）是"海上丝绸之路"的重要商品基地，是"海上丝绸之路"的起点。

一、江西自古就是重要货运枢纽

历史上的江西作为沟通南北、连贯东西的大通道，曾经创造过贸易大省、经济强省的千年辉煌，特别是元明清时期，运河—长江—赣江—北江—珠江成为国内最为重要的南北通道。今天江西的区位优势和交通设施，仍然发挥着连接南北、承东启西的重要作用，是国家实施"一带一路"倡议的基础支撑。江西与"一带一路"相关国家和地区保持着密切的经贸往来。目前，东盟已成为江西的第一大出口市场、第五大进口来源地，也是江西利用外资的主要来源地，以及对外投资与合作的主要伙伴。江西与中亚、西亚地区及国内各地区的区域、次区域合作不断深入，呈现加速发展的良好势头。

二、海上陶瓷之路

11~13世纪，十字军东征，西亚地区开始了长达数百年的纷争和战乱，丝绸之路西段梗塞。然而，海外贸易的巨大利益使国内丰富的陶瓷等手工艺产品急于寻找国际市场，迫使宋代统治者另辟海道与外国通商，于是，海上陶瓷之路发展起来，并逐渐取代了陆路丝绸之路，出口货物以陶瓷、丝绸为大宗。

宋代名窑辈出，从工艺、釉色、造型和装饰可分为定窑、耀州窑、钧窑、磁州窑、龙泉窑、景德镇窑六大体系。六大窑系里龙泉窑和景德镇窑在南方，且均与江西有关。龙泉窑在今浙江省龙泉县金村、大窑一带，附近的庆元、云和、遂昌等县以及江西吉安受其影响，也生产龙泉瓷。江西景德镇在五代时受越窑影响烧制越窑系青瓷，北宋时期，始创影青瓷（又名青白瓷，是一种由白瓷向青瓷过渡的瓷器）。北宋中晚期，是景德镇影青瓷生产的鼎盛时期，以湖田窑产品为代表，达到最高水平。景德镇的影青瓷基本代表了宋代制瓷水平。朝鲜、东南亚出土的宋代陶瓷均有龙泉青釉碗和景德镇青白瓷；日本、阿拉伯也出土了大量青白瓷。

元尚未统一就在景德镇设立浮梁瓷局，这在历史上是绝无仅有的，它主要生产皇家用瓷和朝廷祭器，也烧造商品瓷，生产最先发往伊斯兰国家的青花瓷，景德镇陶瓷在国内外市场举足轻重。

元代销往世界各国的陶瓷远远超过宋代，其中以景德镇青白瓷和龙泉青瓷最多。进口江西景德镇青白瓷的国家有韩国、菲律宾、马来西亚、印度尼西亚、泰国、伊朗、土耳其以及埃及等。

宋元时期，景德镇窑的陶瓷主要通过水陆联运转长江出海，南下经东海、南海到东南亚，绕马六甲海峡西达西亚、非洲、欧洲，北上经黄海至日本、朝鲜半岛等。

三、江西是万里茶道重要枢纽

中国自古就有与国外连接的茶叶之路。万里茶道是 16 世纪末至 20 世纪初继"丝绸之路"后亚欧大陆兴起的又一条国际商道，连接中俄、通向欧洲。据《山西历史地图集·清代晋商商路》记述："大致在乾隆三十年（1765 年）起，形成通往欧洲的陆上国际茶叶之路。在南方，开辟了由福建崇安过分水关，入江西铅山县河口镇，顺信江下鄱阳湖，穿湖而出九江口入长江……"在这条万里茶道上，铅山县河口镇是重要的茶叶集散地，是万里茶道第一镇，河口为当时制茶的技术中心和人才中心，河帮茶师享有盛名。鄱阳湖是古代从北方进入江西的唯一水道，也是万里茶道贯通福建的唯一要道。九江口是长江黄金水道南北、东西交流的轴心，号称"三江之口，七省通衢"的必经之路，为古代"三大茶市"、"四大米市"之一。江西除了是关键的茶叶集散地，自唐宋开始还是中国重要的产茶地。江西宁红茶是销往俄欧的名品，曾得沙皇太子赠送的"茶盖中华，价高天下"的匾额。因此，重拾江西万里茶道重要枢纽的历史与文化，对推动江西融入"一带一路"具有重要意义。

第二节　闽新轴带的江西省建设内容

充分发挥省内特色产业、历史文化和生态资源优势，积极推进与"一带一路"沿线国家的经贸合作和人文交流，努力把江西建设成为连接"一带一路"的内陆重要战略支点和内陆双向开放示范区，重塑江西丝绸之路的历史荣光。

一、加快打通对外开放战略通道

强化通道引领作用，突出与国内重要节点城市和沿线主要国家的互联互通，加快构建衔接顺畅、海陆空一体的战略通道。依托中欧国际货运班列和泛亚铁路运输通道，稳定开行赣欧（亚）国际货运铁路班列，主动对接"汉新欧"、"渝新欧"国际班列，积极参与构建全程运输协调机制，开辟通往西安、乌鲁木齐和借道广西、云南的快速客运货运通道，打通对接"陆上丝绸之路"的通道。统筹通达东南沿海的出海铁路和高速公路，强化与周边省市沿海港口和口岸的合作，进一步畅通"海上丝绸之路"通道。加密国际国内航班航线，积极拓展东南亚航线，推进开通洲际航线，发展连接"一带一路"重点城市的高效便捷的航空运输网络。

二、提升与沿线国家经济合作水平

结合江西开放型经济发展需求，发挥铜、陶瓷、航空、医药、稀土和钨等产业的独特优势，强化产业双向投资和市场开发，不断提高合作水平。办好景德镇世界陶瓷博览会平台，推动景德镇陶瓷走出去，提升"一带一路"重要商品基地和起点城市的历史地位。支持有色金属龙头企业到沿线地区开发矿产资源和兼并重组冶炼企业，积极参与沿线地区铀资源勘探开发和油气合作。加强与德国、俄罗斯、意大利、比利时等国家的合作，引进航空发动机等关键零部件技术，推动开展教练机、通用飞机、直升机研发合作和生产组装。积极引进跨国药企入赣，合作开发生物技术药物，推动中医国际合作。

三、积极拓展人文交流合作

广泛开展旅游、环保、教育、科技、文化、人道等领域的合作，构建民官并举、多方参与的人文交流机制。加强与沿线国家旅游部门和机构的合作交流，联合国内相关省份推出一批丝绸之路概念的特色旅游线路，积极参与国际性、区域性旅游展会，打造国际旅游目的地。依托世界低碳与生态经济大会、世界生命湖泊大会等国际生态合作平台，与沿线国家共同探索大湖流域综合开发治理新路径。推进口岸签证便利化，实行外国人来赣落地签证。深入开展省内高校与俄罗斯伏尔加河沿岸地区高校合作，继续开展中俄等青少年友好交流活动。积极发展友好省州关系，务实推进江西与巴什科尔托斯坦共和国、彼尔姆边疆区等地区的合作交往，支持所有设区市在沿线地区发展友好城市。

第三节 闽新轴带的江西省战略地位提升

轴带经济突破行政区的界限，依赖市场力量，注重联动效应，通过区域之间的各种联系带动生产要素流动，强调不同区域之间的协同发展、共享发展和包容性发展。共商共建共享闽新轴带将有助于建立更加有效的区域协调发展新机制，提升江西开放发展水平。

一、有利于积极参与"一带一路"建设，推动江西双向开放开发

打造闽新轴带将进一步提升南昌—抚州东南接闽台、西北连汉新欧的战略通道优势，形成陆海内外联动、东西双向互济的开放格局；将使大南昌都市区处于 3 条国家发展轴线（沪昆、京九、闽新）的交汇点上，充分发挥江西承载海西面向全国的重要战略辐射通道作用，大大提升江西在整个中部地区的战略地位和竞争优势。

二、有利于培育发展环鄱阳湖城市群，高起点融入长江经济带

江西是长江经济带的重要省份，南昌是长江中游城市群的重要一极，打造闽新轴带有利于推进昌九—昌抚一体化，放大高铁同城化、区域一体化效应，提升环鄱阳湖城市群整体实力，有力支撑长江经济带建设，实现国家依托长江黄金水道打造中国经济新支撑带的战略部署。

三、有利于建立更加有效的区域协调发展新机制，形成合作共赢区域发展新格局

打造闽新轴带加快了中西部内陆抵达东部地区的速度，便于资源产品的组织和集散，将西部的资源优势转为经济优势的同时解决东南沿海资源短缺问题；有利于发挥比较优势，推动江西与闽鄂陕甘新五省区共建共享物流、港口等基础设施，构建闽新轴带合作发展经济走廊和产业合作示范区，促进抚州加快承接海西

产业转移，建设海陆双向开放型经济新高地。

四、有利于促进生态与经济协调发展，引领流域生态文明示范建设

打造闽新轴带有利于江西突出生态特色，打好绿色产业品牌，提升江西的产业竞争力；抚河流域是长江中下游水生态安全保障区和我国东南丘陵山地重要的生态安全屏障，加强流域生态建设和环境保护，推进流域可持续发展，加快形成可复制、可推广的生态与经济协调发展模式，可促进国家生态文明试验区（江西）建设、打造"美丽中国"的"江西样板"。

五、有利于促进革命老区跨越发展，实现与全国同步全面建成小康社会目标

打造闽新轴带有助于促进陆海资源要素的流通，破除制约发展的体制机制障碍，激发经济发展的内生动力，进一步提高中西部地区的城镇化水平，带动落后地区脱贫致富，促进东中西部的协调发展，保证全体人民在共建共享发展中有更多获得感，为全国革命老区和欠发达地区科学发展、跨越发展积累经验、提供示范。

第四节　江西省打造闽新轴带的对策建议

闽新轴带各省市资源禀赋各异，经济互补性较强，彼此合作的潜力和空间很大。江西应抢抓历史机遇、宜谋定而后动，总体思路是"抢占先机，全面对接，外联内聚，竞合发展"。

一、抢占先机，引领合作

在闽新轴带沿线六省区联合打造国家生产力大通道的过程中，江西应主动作为，引领合作，以在规划编制、项目合作中获得主动。建议由省发改委牵头，联合六省区形成协调机构，推动形成跨省区域协调机制；积极推动六省区开展打造闽新轴带相关研究，厘清闽新轴带建设中的关键问题和应对机制，形成有分量的决策报告。

二、积极谋划，全面对接

积极对接融入"一带一路"与长江经济带建设，抢抓历史性发展机遇，推动江西在更高水平更高层次上开放开发；加快打通连接"海陆统筹、双向开发"的战略通道，构建东西双向的对外开放新格局；借力国家政策优势，挖掘江西发展潜能，拓展江西发展空间，提高参与国内外市场合作的竞争力；充分展示江西的生态资源优势，促进产业转型发展与集聚，打造绿色产业体系，推进国家生态文明试验区（江西）建设，提升江西在全国的战略地位。

三、联大联强，强化合作

东南沿海一线是江西地缘优势的生命线。福建是"21世纪海上丝绸之路"的重要桥头堡和核心区，福建在国家层面的战略地位将更为提升和凸显，福建沿海将成为未来中国东部地区重要的增长引擎和高潜力区域。江西具有其他内陆省份无法相比的毗邻闽台的优势，对接闽台将是江西新一轮空间发展的最大潜在机遇，江西应积极倡议和努力打造闽新轴带，以国家建设海西经济区、打造21世纪海上丝绸之路、建设福建自贸区为机遇，全力推动赣闽台深度合作。

四、打造内核，集聚优势

随着高铁网络的不断推进，为防止交通干线可能带来的"虹吸"效应，避免出现离心化现象，江西应着力打造核心增长极和培育壮大经济增长带，强化江西发展内核。推动以昌九—昌抚一体化为重点，以南昌扩区调区为抓手，以南昌主城区和大南昌一小时经济圈建设为着力点，壮大南昌集聚周边要素的能力，着力构建南昌核心增长极。放大的高铁同城化、区域一体化效应，大力推进南昌到抚州的高铁建设，着力推进向莆铁路货运，提升昌抚在长江中游城市群中的核心竞争力。

五、突出特色，竞合发展

着眼于提升江西的产业竞争力，突出生态特色，打好绿色产业品牌。着力唱响"生态鄱阳湖、绿色农产品"品牌，构建绿色农业体系；提升江西"风景这边独好"生态旅游品牌，打造一批集红色、绿色、古色于一体的文化旅游经贸交流平台；努力打造四大新兴产业基地（即光电和新能源基地、有色金属产业基地、航空基地及特色农产品基地），大力建设绿色工业体系；充分发挥江西省的生态优势，广泛开展生态经济与技术交流，着力打造"全国生态文明样板"；支持抚州以戏为媒，打造汤显祖世界品牌，推动中外文化深度合作。

参考文献

［1］孙久文．论新时代区域协调发展战略的发展与创新［J］．国家行政学院学报，2018（4）：109－114．

［2］孙久文，李恒森．我国区域经济演进轨迹及其总体趋势［J］．改革，2017（7）：18－29．

［3］范恒山，孙久文，等．中国区域协调发展研究［M］．北京：商务印书馆，2012：12－15．

［4］魏后凯．改革开放30年中国区域经济的变迁［J］．经济学动态，2008（5）：9－16．

［5］白永秀，王颂吉．丝绸之路经济带的纵深背景与地缘战略［J］．改革，2014（3）：64－73．

［6］孔凡斌，陈胜东．新时代我国实施区域协调发展战略的思考［J］．企业经济，2018（3）：17－22．

［7］高国力．新时代背景下我国实施区域协调发展战略的重大问题研究［J］．国家行政学院学报，2018（3）：109－115．

［8］范恒山．国家区域发展战略的实践与走向［J］．区域经济评论，2017（1）：5－10．

［9］高国力．深入实施区域协调发展战略［N］．经济日报，2017－11－03．

［10］徐林．实施区域协调发展战略［N］．中国纪检监察报，2018－01－05．

［11］任保平．新时代中国经济从高速增长转向高质量发展：理论阐释与实践取向［J］．学术月刊，2018（3）：66－74.

［12］李晋华．发挥"一带一路"的开放引领作用［N］．经济日报，2017－12－01.

［13］李远芳．以"一带一路"建设为重点形成全面开放新格局［N］．经济日报，2017－12－22.

［14］王一鸣．实施区域协调发展战略［N］．经济日报，2017－11－16.

［15］王志民．如何理解"陆海内外联动、东西双向互济"的开放格局［EB/OL］．http：//www. 71. cn/2018/0719/1009951. shtml.

［16］连平．新时代的经济特征和发展趋势［N］．上海证券报，2017－12－05.

［17］连平．新时代的经济特征和发展趋势［J］．中国中小企业，2018（1）：75－77.

［18］林洁如．"一带一路"打开"东西双向互济"通道［J］．新产经，2018（1）：26－28.

［19］张可云．新时代区域协调发展战略的内容与机制［J］．中国国情国力，2018（5）：17－19.

［20］张可云．新时代的中国区域经济新常态与区域协调发展［J］．国家行政学院学报，2018（3）：102－108.

［21］本刊编辑部，孙豫宁．2017年12月国际形势大事述评［J］．当代世界，2018（1）：76－78.

［22］本刊编辑部，孙豫宁．2017年11月国际形势大事述评［J］．当代世界，2017（12）：76－78.

［23］本刊编辑部，张凯．2017年10月国际形势大事述评［J］．当代世界，2017（11）：76－78.

［24］本刊编辑部，甘冲．2017年9月国际形势大事述评

［J］．当代世界，2017（10）：76－78.

　　［25］本刊编辑部，邹国煜．2017年8月国际形势大事述评
［J］．当代世界，2017（9）：76－78.

　　［26］本刊编辑部，郑东超．2017年7月国际形势大事述评
［J］．当代世界，2017（8）：76－78.

　　［27］本刊编辑部，李瑞蔚．2017年6月国际形势大事述评
［J］．当代世界，2017（7）：76－78.

　　［28］本刊编辑部，赵明昊．2017年5月国际形势大事述评
［J］．当代世界，2017（6）：76－78.

　　［29］本刊编辑部，林永亮．2017年4月国际形势大事述评
［J］．当代世界，2017（5）：76－78.

　　［30］本刊编辑部，张伟杰．2017年3月国际形势大事述评
［J］．当代世界，2017（4）：76－78.

　　［31］本刊编辑部，邹国煜．2017年2月国际形势大事述评
［J］．当代世界，2017（3）：76－78.

　　［32］本刊编辑部，姚亿博．2017年1月国际形势大事述评
［J］．当代世界，2017（2）：76－78.

　　［33］中华人民共和国国民经济和社会发展第十三个五年规
划纲要［N］．人民日报，2016－03－18.

　　［34］李晓，李俊久．"一带一路"与中国地缘政治经济战
略的重构［J］．世界经济与政治，2015（10）：30－59，156－
157.

　　［35］杜德斌，马亚华．"一带一路"：中华民族复兴的地缘
大战略［J］．地理研究，2015，34（6）：1005－1014.

　　［36］刘卫东．"一带一路"战略的科学内涵与科学问题
［J］．地理科学进展，2015，34（5）：538－544.

　　［37］刘慧，叶尔肯·吾扎提，王成龙．"一带一路"战略
对中国国土开发空间格局的影响［J］．地理科学进展，2015，

34（5）：545－553.

［38］储殷，高远．中国"一带一路"战略定位的三个问题［J］．国际经济评论，2015（2）：6，90－99.

［39］申现杰，肖金成．国际区域经济合作新形势与我国"一带一路"合作战略［J］．宏观经济研究，2014（11）：30－38.

［40］袁新涛．"一带一路"建设的国家战略分析［J］．理论月刊，2014（11）：5－9.

［41］刘伟，苏剑．中国特色宏观调控体系与宏观调控政策——2018年中国宏观经济展望［J］．经济学动态，2018（3）：4－12.

［42］仲德涛．习近平区域经济思想研究［J］．改革与战略，2018，34（4）：24－29.

［43］曾菊新．空间经济：系统与结构［M］．武汉：武汉出版社，1996.

［44］陈栋生．经济布局与区域经济研究［M］．大连：东北财经大学出版社，1990.

［45］陆玉麟．区域发展中的空间结构研究［M］．南京：南京师范大学出版社，1998.

［46］陆大道．区域发展及其空间结构［M］．北京：科学出版社，1995.

［47］陆大道．区位论及区域研究方法［M］．北京：科学出版社，1988.

［48］李小建．经济地理学（第2版）［M］．北京：高等教育出版社，2006.

［49］刘再兴．区域经济理论与方法［M］．北京：中国物价出版社，1996.

［50］崔功豪．区域分析与区域规划［M］．北京：高等教

育出版社，2006.

[51] 吴传钧，刘建一，甘国辉．现代经济地理学 [M]．南京：江苏教育出版社，1997.

[52] 赵济，陈传康．中国地理 [M]．高等教育出版社，1999.

[53] 吕拉昌．中国地理 [M]．科学出版社，2012.

[54] 李润田．中国资源地理 [M]．科学出版社，2003.

[55] 王静爱．中国地理教程 [M]．北京：高等教育出版社，2007.

[56] 王恩涌．中国文化地理 [M]．科学出版社，2008.

[57] 满苏尔·沙比提．新疆地理 [M]．北京：北京师范大学出版社，2012.

[58] 冯绳武．甘肃地理概论 [M]．兰州：甘肃教育出版社，1989.

[59] 李健超．陕西地理 [M]．西安：陕西人民出版社，1984.

[60] 聂树人．陕西自然地理 [M]．西安：陕西人民出版社，1981.

[61] 陈明荣，唐海彬，田连恕，等．陕西省地理 [M]．西安：陕西出版社，1996.

[62] 叶学齐．湖北省地理 [M]．武汉：湖北教育出版社，1988.

[63] 李娟文，朱俊林，梅惠．湖北地理 [M]．北京：北京师范大学出版社，2015.

[64]《江西省自然地理志》编纂委员会．江西省自然地理志 [M]．北京：方志出版社，2003.

[65] 赵昭炳．福建省地理 [M]．福州：福建人民出版社，1993.

［66］福建省省情概况，福建省人民政府 . http：//www. fu-jian. gov. cn/szf/gk/bmkg/201805/t20180517_ 2383163. htm.

［67］福建省林业概况，福建省林业局 . http：//lyt. fujian. gov. cn/gkxx/.

［68］江西省省情概况，江西省人民政府 . http：//www. jian-gxi. gov. cn/col/col387/index. html.

［69］湖北省省情概况，湖北省人民政府 . http：//www. hu-bei. gov. cn/2015change/2015sq/sa/gk/201609/t20160930_902878. shtml.

［70］陕西省省情概况，陕西省人民政府 . http：//www. shaanxi. gov. cn/shenqing/gk/36351. htm.

［71］甘肃省省情概况，甘肃省人民政府 . http：//www. gan-su. gov. cn/col/col19/index. html.

［72］新疆地理情况，新疆地情网 . http：//www. xjtong-lan. com/jrxj/zrdl/index. shtml.

［73］陈培阳，朱喜钢 . 基于不同尺度的中国区域经济差异 ［J］. 地理学报，2012（8）：1085 – 1097.

［74］陈利，朱喜钢，李小虎 . 云南省区域经济差异时空演变特征［J］. 经济地理，2014（8）：15 – 22.

［75］Friedman J R. Regional development policy：A case study of Venezuela［M］. The Mit Press，1966.

［76］Rey S J, Janikas M V. Regional convergence, inequality and space［J］. Journal of Economic Geography，2005（2）：155 – 176.

［77］Krugman P R. Development, Geography and Economic Theory［M］. Mit Press，1997.

［78］Krugman P. The new economic geography，now middle – aged［M］. Regional Studies，2011（1）：1 – 7.

[79] 张雅杰，金海，谷兴，等．基于 ESDA – GWR 多变量影响的经济空间格局演化——以长江中游城市群为例［J］．经济地理，2015（3）：28 – 35.

[80] 管卫华，彭鑫，张惠，等．不同空间尺度的江苏省区域经济差异研究［J］．长江流域资源与环境，2015（12）：2003 – 2011.

[81] 李恩康，陆玉麒，黄群芳，等．泛珠江—西江经济带经济差异时空演变及其驱动因素［J］．经济地理，2017（5）：20 – 27.

[82] 钟业喜，冯兴华，文玉钊．长江经济带经济网络结构演变及其驱动机制研究［J］．地理科学，2016（1）：10 – 19.

[83] 曹芳东，黄震方，吴江，等．1990 年以来江苏省区域经济差异时空格局演化及其成因分析［J］．经济地理，2011（6）：895 – 902.

[84] 谢磊，李景保，袁华斌，等．长江中游经济区县域经济差异时空演变［J］．经济地理，2014，34（4）：19 – 24.

[85] 冯兴华，钟业喜，李建新，等．长江中游城市群县域城镇化水平空间格局演变及驱动因子分析［J］．长江流域资源与环境，2015（6）：899 – 908.

[86] 靳诚，陆玉麒．基于县域单元的江苏省经济空间格局演化［J］．地理学报，2009（6）：713 – 724.

[87] 冯兴华，钟业喜，陈琳，等．长江经济带县域经济空间格局演变分析［J］．经济地理，2016（6）：18 – 25.

[88] 朱杰，管卫华，蒋志欣，等．江苏省城市经济影响区格局变化［J］．地理学报，2007（10）：1023 – 1033.

[89] 赵璐，赵作权．基于特征椭圆的中国经济空间空间分异研究［J］．地理科学，2014（8）：979 – 986.

[90] Robert Haining. Spatial data analysis：Theory and practice

［M］．Cambridge：Cambridge University Press，2003.

［91］Fotheringham A S，Charlton M E，Brunsdon C. The Geography of Parameter Space：An Investigation of Spatial Nonstationarity ［J］．International Journal of Geographical Information Systems，1996（5）：605 –627.

［92］白景锋，张海军．基于 EOF 和 GWR 模型的中原经济区经济增长的时空分析［J］．地理研究，2014（7）：1230 –1238.

［93］向家敏．中国固定资产投资对经济增长贡献的地区差异分析［D］．重庆：重庆大学论文，2007.

［94］刘洋．新常态下固定资产投资对区域经济增长影响的差异性分析［D］．重庆：重庆大学论文，2017.

［95］胡春，仲继银．我国固定投资与经济增长周期关系的实证分析［J］．北京邮电大学学报，2004（1）：31 –35.

［96］魏和清，胡跃明．江西省固定资产投资对经济增长的影响［J］．经济纵横，2005（5）：100 –101.

［97］王天营．我国固定资产投资对经济增长的滞后影响研究［J］．经济问题，2004（12）：50 –52.

［98］斯旺．经济增长与资本积累［M］．中国金融出版社，2002.

［99］索洛．对经济增长理论的贡献［M］．中国财经出版社，2001.

［100］侯荣华，汲凤翔．中国固定资产投资效益研究［M］．中国计划出版社，2002.

［101］金凤君，焦敬娟，齐元静．东亚高速铁路网络的发展演化与地理效应评价［J］．地理学报，2016，71（4）：576 –590.

［102］陶卓霖，戴特奇，郑清菁，等．空间相互作用模型中

的目的地竞争效应——基于中国城市间铁路客流数据的实证研究 [J]．地理科学，2017，37（2）：181－189．

[103] 王姣娥，焦敬娟．中国高速铁路网络的发展过程、格局及空间效应评价 [J]．热带地理，2014，34（3）：275－282．

[104] 孙婷．高速铁路对城市发展的影响 [J]．现代城市研究，2008（7）：82－87．

[105] 钟业喜，陆玉麒．基于可达性角度的区域发展机会公平评价——以江西省为例 [J]．地理科学，2009，29（6）：809－816．

[106] 李廷智，杨晓梦，赵星烁，等．高速铁路对城市和区域空间发展影响研究综述 [J]．城市发展研究，2013，20（2）：71－79．

[107] 金凤君，王姣娥．20世纪中国铁路网扩展及其空间通达性 [J]．地理学报，2004，59（2）：293－302．

[108] 孟德友，范况生，陆玉麒，等．铁路客运提速前后省际可达性及空间格局分析 [J]．地理科学进展，2010，29（6）：709－715．

[109] 钟业喜，黄洁，文玉钊．高铁对中国城市可达性格局的影响分析 [J]．地理科学，2015，35（4）：387－395．

[110] Sasaki K, Ohashi T, Ando A. High－speed rail transit impact on regional systems：Does the Shinkansen contribute to dispersion? [J]．Annals of Regional Science, 1997, 31（1）：77－98．

[111] Kim K S, High－speed rail developments and spatial restructuring：A case study of the Capital region in South Korea [J]．Cities, 2000, 17（4）：251－262．

[112] 刘承良，余瑞林，熊剑平，等．武汉都市圈路网空间通达性分析 [J]．地理学报，2009，64（12）：1488－1498．

[113] 祁毅．基于公共交通可达性分析的规划支持系统研

究——以南京为例 ［D］. 南京大学论文，2008.

［114］焦敬娟，王姣娥，金凤君，等. 高速铁路对城市网络结构的影响研究——基于铁路客运班列分析 ［J］. 地理学报，2016，71（2）：265－280.

［115］金凤君，焦敬娟，齐元静. 东亚高速铁路网络的发展演化与地理效应评价 ［J］. 地理学报，2016，71（4）：576－590.

［116］吴旗韬，张虹鸥，叶玉瑶，等. 基于交通可达性的港珠澳大桥时空压缩效应 ［J］. 地理学报，2012，67（6）：723－732.

［117］傅钰，钟业喜，冯兴华. 长江经济带陆路交通可达性格局演变研究 ［J］. 长江流域资源与环境，2016，25（10）：1484－1491.

［118］冯长春，丰学兵，刘思君. 高速铁路对中国省际可达性的影响 ［J］. 地理科学进展，2013，32（8）：1187－1194.

［119］孟德友，范况生，陆玉麒，等. 铁路客运提速前后省际可达性及空间格局分析 ［J］. 地理科学进展，2010，29（6）：709－715.

［120］钟业喜，王晓静. 建设"闽新轴带"促进双向开放的构想 ［J］. 中国国情国力，2018（6）.

［121］汤放华，汤慧，孙倩，等. 长江中游城市集群经济网络结构分析 ［J］. 地理学报，2013，68（10）：1357－1366.

［122］叶强，张俪璇，彭鹏，等. 基于百度迁徙数据的长江中游城市群网络特征研究 ［J］. 经济地理，2017，37（8）：53－59.

［123］钟业喜，黄洁，文玉钊. 高铁对中国城市可达性格局的影响分析 ［J］. 地理科学，2015，35（4）：387－395.

［124］王术森. "一带一路"沿线地区的主要安全问题研究

［D］．兰州大学论文，2018．

　　［125］丁任重，陈姝兴．中国区域经济政策协调的再思考——兼论"一带一路"背景下区域经济发展的政策与手段［J］．南京大学学报（哲学·人文科学·社会科学），2016，53（1）：26－33，157．

　　［126］周五七．"一带一路"沿线直接投资分布与挑战应对［J］．改革，2015（8）：39－47．

　　［127］杨思灵．"一带一路"倡议下中国与沿线国家关系治理及挑战［J］．南亚研究，2015（2）：15－34，154－155．

　　［128］周方银．"一带一路"面临的风险挑战及其应对［J］．国际观察，2015（4）：61－72．

　　［129］王义桅，郑栋．"一带一路"战略的道德风险与应对措施［J］．东北亚论坛，2015，24（4）：39－47，127．

　　［130］林跃勤．"一带一路"构想：挑战与应对［J］．湖南财政经济学院学报，2015，31（2）：5－17．

　　［131］何茂春，张冀兵，张雅芃，田斌．"一带一路"战略面临的障碍与对策［J］．新疆师范大学学报（哲学社会科学版），2015，36（3）：2，36－45．

　　［132］储殷，高远．中国"一带一路"战略定位的三个问题［J］．国际经济评论，2015（2）：6，90－99．

　　［133］彭劲松．长江经济带区域协调发展的体制机制［J］．改革，2014（6）：36－38．

　　［134］覃成林，郑云峰，张华．我国区域经济协调发展的趋势及特征分析［J］．经济地理，2013，33（1）：9－14．

　　［135］孙海燕．区域协调发展机制构建［J］．经济地理，2007（3）：362－365．

　　［136］宋旭光．资源约束与中国经济发展［J］．财经问题研究，2004（11）：15－20．

［137］杨保军．我国区域协调发展的困境及出路［J］．城市规划，2004（10）：26－34．

［138］杨继瑞，罗志高．"一带一路"建设与长江经济带战略协同的思考与对策［J］．经济纵横，2017（12）：85－90．

［139］曹凤刚，徐树红，姜松滨，胡晓天，曹轶昕．关于哈尔滨市在"中蒙俄经济走廊"龙江陆海丝绸之路经济带发挥核心作用的对策研究［J］．决策咨询，2015（5）：21－23，27．

［140］王英伟．基于"东部陆海丝绸之路经济带"国际物流发展研究［J］．技术与市场，2018，25（1）：170－172．

［141］李兴．亚欧中心跨区域合作体制机制比较分析："丝绸之路经济带"、欧亚经济联盟和"新丝绸之路"［J］．人文杂志，2018（9）：18－25．

［142］殷勇．东北亚区域内多边跨境旅游合作现状与对策建议［J］．西伯利亚研究，2018，45（4）：63－67．

［143］周桂荣，龙华芳．"一带一路"倡议下中国与东盟国家贸易合作面临的挑战及对策建议［J］．桂海论丛，2018，34（4）：58－63．

［144］周瑭乐．推进"一带一路"沿线区域经济一体化的对策建议［J］．中国市场，2018（30）：34，36．

［145］钟卫红．泛珠三角区域环境合作：现状、挑战及建议［J］．太平洋学报，2006（9）：23－31．

［146］朱坚真．环北部湾区域经济合作的模式、方向与建议［J］．创新，2008（4）：51－57．

［147］柴燕玲．澜沧江—湄公河次区域经济合作：发展现状与对策建议［J］．国际经济合作，2004（9）：40－46．